Hessische Küche

www.komet-verlag.de
Vorwort: Peter Ploog
Gesamtherstellung: Komet Verlag GmbH
ISBN 978-3-86941-042-5

Hessische Küche

KOMET

Inhaltsverzeichnis

Land & Leute

„Lieber ab und zu emal e bissi zuviel als dauernd zuwenig."

Das Bundesland Hessen verfügt über eine komplizierte Geschichte und eine vielschichtige Bevölkerung, die nur eines wirklich eint: die gemeinsame Liebe zu guter, deftiger Nahrung.

Von hessischer Küche zu sprechen ist eigentlich gar nicht möglich. Seit Herzog Philipp der Großmütige so großzügig war, jedem seiner vier Söhne einen Teil des Hessenlandes zum Erbe zu geben, war das Land erst viergeteilt, nach langwierigen Erbstreitigkeiten dann zweigeteilt in Hessen-Kassel und Hessen-Darmstadt. Wir verzichten darauf, das Hin- und Hergeschiebe einzelner Landesteile detailliert zu schildern und beschränken uns auf den Hinweis, dass das Kurfürstentum Hessen samt Frankfurt und Nassau als Hessen-Nassau in preußischen Besitz überging, während Hessen-Darmstadt auf Grund guter Beziehungen zu Russland selbstständig blieb. Diesem ganzen Regionalismus machten die Amerikaner nach dem 2. Weltkrieg ein Ende, indem sie das Land Hessen schufen. Dabei ging allerdings der Landesteil Rheinhessen komplett verloren und wurde Rheinland-Pfalz zugeschoben.

Ist es da ein Wunder, dass man kaum von einem hessischen Bewusstsein sprechen kann? Jeder Hesse ist erst einmal ein leidenschaftlicher Vertreter seiner Region, denn diese hat zwar immer mal wieder den Besitzer gewechselt, nicht aber

den Charakter. Und Regionen gibt es viele und unterschiedliche – insgesamt sind es 17. Ein Bewohner der Region Bergstraße etwa hat wenig mit einem Vogelsberger gemein, und für einen Frankfurter ist die Schwalm schon fast Ausland. Dem Reisenden allerdings ist diese Vielfalt ein Vergnügen, denn überall lassen sich regionale Spezialitäten entdecken – mit Starrsinn erhalten und mit Stolz präsentiert. Kommen Sie mit auf eine kleine kulinarische Reise durch das Land Hessen und lassen Sie sich Appetit machen auf eine traditionsreiche und gute Küche, die in der Mainmetropole Frankfurt zur höchsten Vollendung kommt.

Hessen ist aufgrund seiner waldreichen Mittelgebirgslandschaft eine beliebte Ausflugs- und Touristen-Region. Rhön, Westerwald, Knüll, Meißner, Habichtswald und das Fulda-Werra-Bergland sind herrliche Wandergebiete, und mit 831.000 ha Wald hat Hessen den prozentual höchsten Waldanteil im gesamten Bundesgebiet. An den sonnigen Hängen des Taunus im Rheingau wachsen edle und rassige Weißweine. Der Rheingau ist neben der Mosel das im In- und Ausland bekannteste deutsche Weinanbaugebiet, obwohl er mit 30 km Länge und einer Rebfläche von 3.200 ha zu den kleineren deutschen Weinanbaugebieten zählt. Mit

80 % dominiert der Riesling die angebauten Sorten, den Rest teilen sich Müller-Thurgau und Spätburgunder.

Wie in Deutschland generell, so gibt es auch in Hessen ein sehr starkes kulinarisches Nord-Süd-Gefälle. Der agrarische Norden mit der so schönen und denkmalreichen Residenzstadt Kassel im Zentrum ist von einer unverfälschten ländlichen Küche geprägt, die die Kunst versteht, aus wenig viel zu machen. Südhessen hingegen ist geprägt von der Messe- und Handelsmetropole Frankfurt. Hier ließen sich schon die Kaiser und Könige des Deutschen Reiches festlich bewirten – und eine sehr geschätzte Feinschmeckerhochburg ist die Region um Frankfurt geblieben.

Trotzdem ist auch die Frankfurter Küche, wie die hessische Küche insgesamt, in ihren Grundzügen deftig und bäuerlich. Die Zutaten für heimische Gerichte waren meist eigene Erzeugnisse des Bauernlandes. Und so ist es wenig verwunderlich, dass die Kartoffel, nachdem sie ihren Einzug in Hessen gehalten hatte, die Hauptrolle in der Ernährung spielte und sich bis heute in vielen regionalen Spezialitäten wiederfindet. Hier nur ein paar Andeutungen dessen, was sich die hessischen Hausfrauen so zum Thema Kartoffeln einfallen ließen: Odenwälder Schnitz und Schnitz (Kartoffel- und Birnenschnitze mit Speck), Vogelsberger Kartoffelbloatz (Kartoffelkuchen mit Kümmel), Schwälmer Kartoffelklöß mit Speck und Ahler Wurst sowie die ganz besonders köstlichen Diebchen (gefüllte Kartoffelklöße) von der Werra. Im Schwälmer Land, einem der ältesten Anbaugebiete der Kartoffel, feiert man sie auch heute noch auf ganz spezielle Weise: mit der Ziegenheiner Salatkirmes, bei der es nicht nur Salat, sondern vor allem Kartoffelspezialitäten gibt.

Ein weiterer wichtiger Bestandteil der hessischen Küche ist das Schweinefleisch. Rinder gab es weniger im Hügelland, und sie wurden nur zu ganz großen Festlichkeiten geschlachtet. Aber so gut wie jeder Landhaushalt hielt sich ein Schwein – und das Fest begann schon mit dem Schlachten. Noch heute bieten Landgasthöfe im Winter Schlachtplatten an, die alles bieten, was zum großen und überaus genussreichen Fest des Schweineschlachtens gehört. Dabei gibt es ziemlich starke regionale Unterschiede, die zu erkunden ein Vergnügen ist. Zum „Schlachtekohl" gibt es gewöhnlich erst Suppe oder saure Brühe. Dann folgt frisches Schweinefleisch, auch Schwarten und Kopfstücke, mit Sauerkraut und

Kartoffeln. Anschließend werden gern noch die ersten frischen Koch- und Bratwürste probiert und von den Nachbarn fachkundig kommentiert.

Und damit sind wir bei einem anderen Schwerpunkt der hessischen Küche: bei den Würsten. Wer sich wirklich auskennen will in der Fülle der Arten und Zubereitungen hessischer Wurst, der sollte sich dem genussreichen Studium der Wurstologie hingeben. Da gibt es beispielsweise Bratwurst und Kartoffelwurst, geräucherte und ungeräucherte Blut- und Leberwurst. Die Ikonen der hessischen Wurstanbetung sind aber die Ahle Worscht und der Schwartemagen. „Was der Keenig gilt unner Ferschte, is der Schwartemage unner de Werschte", lobt man in Hessen die deftige Spezialität, für die Schwarten und durchwachsenes Fleisch zerkleinert, herzhaft gewürzt in Schweinemägen gefüllt und anschließend gegart werden. Der Schwartemagen wird entweder als Brotbelag gegessen oder mit Essig, Öl und gehackten Zwiebeln als eine Art hessisches Carpaccio serviert. In der Vogelsberger Region kommt gern auch ein „Vogelsberger Strammer Max" auf den Tisch: Landbrot, gut bedeckt mit knusprig gegartem Schwartemagen und gekrönt von Spiegeleiern.

Die Ahle Worscht, die Alte Wurst, hat durchaus Kultcharakter, und über die Frage, wo sie am besten eingekauft wird, haben sich schon ganze hessische Familienverbände zerstritten. Die Wurstmasse wird aus feinstem Fleisch und Speck hergestellt und mit in Rum getränktem Knoblauch und allerlei geheimen Ingredienzen gewürzt. Dann kommt sie in eine Hülle aus Flomenhaut und wird gut getrocknet, bevor sie über Buchenspänen sanft geräuchert wird. Danach reift sie langsam an der Luft und verliert dabei so gut wie all ihr Wasser. Die fertige Wurst ist gleichzeitig trocken und saftig, hocharomatisch und von einer charakteristischen, leicht spröden Konsistenz. Sie auf ein schnödes Butterbrot zu legen, ist nachgerade ein Sakrileg. Am besten schmeckt sie frisch abgeschnitten und von der Hand in den Mund. Ein Schnäpschen danach würde ein Hesse von Charakter nicht ablehnen. Zum Beispiel einen „Alten Schlitzer", einen mild gereiften Schnaps aus der ältesten privaten Kornbrennerei Deutschlands in der Leinenweberstadt Schlitz.

Die warme Küche in Hessen ist deftig und einfach, aber gut. Spezialitäten sind beispielsweise Weckewerk, ein aus Hack, Schwarte und viel Gewürz gekneteter Fleischteig, der wie Schnitzel paniert und knusprig gebraten wird, oder Wecksuppe mit viel Brot und wenig Brühe. Pellmänner (Pellkartoffeln) mit Duckefett, einer schlichten, aber außerordentlich wohlschmeckenden Mischung aus ausgelassenem Speck, Zwiebeln und Schmand sind ein preiswertes Vergnügen, ebenso wie Dippekuchen, ein Kartoffelkuchen mit Speck und Grieben, oder Quetschesupp aus Dörrzwetschgen und Graupen. Das ist die Küche eines armen Landes, aber eines Landes reich an fantasievollen Köchinnen. Diese Köchinnen sind auch unschlagbar, wenn es ums Backen geht. Die Tradition will, dass zu den großen Familienfeiern (und wenn ein Hesse groß sagt, dann meint er groß!) jeder Gast zum Kuchenbuffet beiträgt. Und wer einmal gesehen

hat, wie da die Bleche voller Zettelkuchen, Kirschkuchen und Krimmelkuchen auftauchen, dazu kunstvolle Torten und der unvergleichliche Frankfurter Kranz, der wünscht sich, ebenfalls eingeladen zu sein! Vor allem, um den berühmten Schmandkuchen zu probieren, ein Backwerk, das in Nordhessen zu jeder Festlichkeit gebacken wird. Ein saftiger Hefeteigboden wird dafür mit eingemachten Zwetschgen belegt (oder auch nicht, das kommt auf die Jahreszeit und den Vorrat im Keller an) und anschließend heiß mit einer Schicht gezuckertem Schmand überzogen, die den Kuchen hocharomatisch macht und gleichzeitig vor dem Austrocknen bewahrt. Typisch sind auch die von einer Köchin der bekannten Frankfurter Bankiersfamilie Bethmann kreierten Bethmännchen, um die sich eine rührende Anekdote rankt. Die Köchin schuf für die vier Kinder der Familie ein Marzinpangebäck, das an vier Seiten jeweils mit einer Mandelhälfte verziert wurde. Als eines der Kinder starb, reduzierte sie die Mandelhälften auf drei, und so wird das Gebäck auch heute noch in den zahlreichen Konditoreien der Main-Metropole angeboten.

Weniger arm als die nördlichen Regionen war der Rheingau. Hier, in diesem lieblichen Land am Rhein, gedeiht der vielleicht beste deutsche Wein, und hier wird fast zwangsläufig auch die Küche leichter, feiner, anspruchsvoller. Und der Wein spielt hier nicht nur als Begleiter, sondern auch als Zutat eine wichtige Rolle. Ob das die Winzersuppe mit vielen bunten Gemüsen aus den sonnenverwöhnten Gärten ist, die mit Wein kräftig gewürzt wird. Oder der Dippehas, ein mit Schweinefleisch aufgefetteter, mit Zwetschgen und Lebkuchen gewürzter und mit viel Spätburgunder aufgegossener Hasenbraten. Riesling hingegen ist die Flüssigkeit, in der, wie im Elsass, Hähnchen geschmort werden, um zu der für fremde Zungen unaussprechlichen Spezialität „Woihinkelsche“ zu werden. Geht's jemandem in der Familie nicht gut, wird der Wein mit Zucker und Ei schaumig geschlagen und lau-

warm serviert. Und der klassische Nachtisch nach einer Rheingauer Tafelei ist der in Riesling gegarte Weinapfel.

Eine andere kulinarische Entwicklung als das restliche Hessen hat Frankfurt genommen. Frankfurt war eine Handelsstadt, in der einige der wichtigsten europäischen Handelswege zusammenliefen. Da war die deftige Dorfküche nicht gefragt. Hier wurde mit allem gekocht, was die Kaufleute so mitbrachten, und die Stadt wurde mit einer gewissen Ehrfurcht als „Gaumen der großen Welt" gerühmt. Vor allem die französische Küche spielte eine große Rolle: Die „französisch Supp" ist eine Art Pot au feu, die Frankfurter Pastetchen imitieren die Bouchées à la reine, die Kartoffelsuppe wird mit Rebhuhn gekocht, und die berühmteste Spezialität der Handelsstadt, die Grüne Sauce, ähnelt einer französischen Kräuter-Vinaigrette. Die „Grie Soß" besteht aus sieben frischen Kräutern und schmeckt besonders gut zu zarter Rinderbrust, gekochtem Fisch, Eiern und Kartoffeln.

An dieser Stelle kann mit einem bis in die heutige Zeit überlieferten Märchen aufgeräumt werden: Goethes Mutter hat die Grüne Sauce nicht erfunden, sehr wahrscheinlich noch nicht einmal gekannt, erscheint sie doch 1860 erstmalig in einem Kochbuch. Allerdings war sie eine vorzügliche Köchin und schickte ihrem Sohn, dessen Name häufig missbraucht wurde, um hessische Gerichte mit dem verkaufsfördernden Vermerk „Goethes Leibspeise" aufzuwerten, unermüdlich Rezepte, Ratschläge und Fresskörbe ins kulinarisch etwas vernachlässigte Weimar. Als Goethe seinen Besuch samt Herzog ankündigte, war sie nicht aus der Ruhe zu bringen. „Ich kann kochen!", sagte sie mit ruhigem Selbstbewusstsein.

Auch in Frankfurt sind Würste ein Thema. Während in Nordhessen eher die salamiartigen Würste die Mehrheit bilden, sind es hier die feinen, kleinen heißen Würste, die inzwischen als Exportartikel ihren Siegeszug über die ganze Welt angetreten haben. Man isst sie in Chicago ebenso wie in Buenos Aires. Bei der Krönung Maximilians II. im Jahr 1562 wurde diese Spezialität zum ersten Mal erwähnt. Der Verwendungszweck spricht für den südhessischen kulinarischen Snobismus. Sie dienten als Füllung eines am Spieß gebratenen Ochsens. Diese „Krönungswürste" waren Vorläufer der heute allseits beliebten knackigen Frankfurter. Die Frankfurter kommen paarig, sind schlank und fein, aus Schweinefleisch und ganz leicht angeräuchert. Bekannt sind auch die Frankfurter Rinderwürstchen, seinerzeit von der Zunft der Rindermetzger aus Konkurrenzgründen auf den Markt geworfen und von diesem freudig angenommen.

Wer sich umsehen möchte, nach Würsten oder anderen Köstlichkeiten, sollte einen Spaziergang in der Großen Bockenheimer Landstraße machen, die von aller Welt liebevoll-ruppig „Fressgass" genannt wird.

Wer von Frankfurt spricht, muss auch vom Apfelwein sprechen. Die Hessen nennen ihr Lieblingsgetränk, auf dessen über 500-jährige Tradition sie sehr stolz sind, Ebbelwei, Äppelwoi oder kurz Stöffche. Natürlich wird er auch zu Hause getrunken, aber eigentlich sollte man ihn in einer der zahlreichen, urgemütlichen Frankfurter Äppelwoikneipen in Sachsenhausen genießen, im „Gemalten Haus" etwa oder in der „Eulenburg". Der herbe, von manchen gar als sauer bezeichnete Apfelwein, aus großen graufarbenen, blauverzierten Bembeln in gerippte Gläser ausgeschenkt, ist gewöhnungsbedürftig. Es heißt aber, ab dem fünften Bembel habe man sich an den Geschmack gewöhnt. Autofahrer nehmen auch schon mal einen gespritzten. Wer aber Cola oder Bier begehrt, kann froh sein, ungeschoren aus den heiligen Hallen des Apfeltrunks zu entkommen. Im Winter wird der Äppelwoi gerne auch heiß getrunken, und am besten

schmeckt er an blank gescheuerten Buchenholztischen. Das herbe Getränk fordert deftige Beilagen. Hier findet man nichts von der verfeinerten Frankfurter Kaufmannsküche. Brezel aus der Hand, Haddekuchen, eine Art Lebkuchen, die unverwüstlichen Soleier oder Rippchen mit Kraut sind die Speisen der Wahl – und Handkäse. Damit kommen wir zu einem weiteren hessischen Heiligtum. Die Herstellung dieses mageren Sauermilchkäses ist in großen Teilen Hessens bekannt. Seine Popularität nahm ungeheuer zu, als ein Industrieller eine Technik zur maschinellen Herstellung von Handkäs erfand – eigentlich ein Widerspruch in sich, der aber nichts an dem Erfolg änderte, denn die Fließbandherstellung senkte den Preis. Es gibt kleine Taler und große Rollen, gereifte und junge, mit Kümmel gewürzte und pure Handkäse. Auch darüber, wie man ihn isst, wird gern beim Apfelwein debattiert: auf kernigem Landbrot oder mit Musik, das heißt mit viel Zwiebeln und in Essig und Öl eingelegt. Und warum man dazu nur ein Messer, aber keine Gabel bekommt – dass wissen wahrscheinlich auch nur die Hessen selbst.

Zum Abschluss wollen wir noch Licht in eine Angelegenheit bringen, die geeignet ist, völlig ungerechterweise den hessischen Ruf zu beschädigen: Es geht um die Nassauer. Wieso werden Menschen, die versuchen, kostenlos mitzuspeisen, zu trinken – zu nassauern halt – nach dieser hessischen Region benannt? Waren die Nassauer

Nassauer? Nein, ganz im Gegenteil: Nassau hatte nämlich einst, ganz großzügiges Heimatland, für seine Studenten in Göttingen zwölf Freitische eröffnet, an denen die Nassauer Studenten kostenlos essen und trinken konnten. Und wenn da ein Platz frei war, schlichen sich fremde Studenten ein und profitierten von der Großzügigkeit: sie nassauerten! Beruhigend zu wissen, denn wer einmal die hessische Gastfreundschaft genossen hat, der weiß, dass Knausern einfach nicht zu den dortigen Eigenschaften zählt. Darauf ein Glas Äppelwoi? Oder doch lieber einen Rheingauer Riesling?

Guten Appetit!

Vorspeisen und Snacks

Spundekäs

Zutaten für 4 Personen

300 g Butter
2 Zwiebeln
2 El edelsüßes Paprikapulver
2 Tl gemahlener Kümmel
2 Tl Senf
400 g Doppelrahm-Frischkäse
500 g Sahnequark
Salz, Pfeffer
1 Gemüsezwiebel

Zubereitungszeit

20 Minuten
(plus Zeit zum Durchziehen
und Kühlen)

Pro Portion

ca. 1185 kcal/4977 kJ
21 g E · 119 g F · 10 g KH

1 Die Butter in einer Schüssel schaumig rühren. Die Zwiebeln schälen und in feine Würfel schneiden.

2 Zwiebeln und Gewürze unter die Butter rühren. Den Senf dazugeben.

3 Frischkäse und Quark zu der gewürzten Butter geben und alles gut durchrühren. Den Spundekäs mit Salz und Pfeffer würzen und zum Durchziehen einige Stunden kalt stellen.

4 Die Gemüsezwiebel schälen und in dünne Ringe schneiden. Den Spundekäs mit Zwiebelringen garniert servieren. Dazu Salzbrezel reichen.

Spundekäs wird als Imbiss mit Laugenbrezeln oder kräftigem Brot verzehrt. Spundekäs passt ausgezeichnet zu Weißwein und wird daher in Rheinhessen und dem Rheingau in praktisch allen Weinhäusern uns Speisewirtschaften serviert.

Kochkäse

1 Die Milch in einem Topf erwärmen. Den Handkäse in kleine Stücke schneiden und zur Milch geben.

2 Die Käse-Mischung auf dem Herd bei mittlerer Temperatur schmelzen lassen. Butter in kleine Stücke schneiden und unter den geschmolzenen Käse rühren. Die Masse so lange rühren, bis sie schön glatt ist.

3 Den Kochkäse vom Herd nehmen und das Natron zugeben. Die Masse etwas abkühlen lassen.

4 Zuletzt den Schmand unterrühren und Kümmel nach Geschmack unterheben. Den Kochkäse 1 Stunde kalt stellen. Kochkäse mit frischem Bauernbrot servieren.

Zutaten für 4 Personen

170 ml Milch
450 g Handkäse
250 g Butter
1 Tl Natronpulver
250 g Schmand
gemahlener Kümmel

Zubereitungszeit

20 Minuten
(plus Koch- und Kühlzeit)

Pro Portion

ca. 783 kcal/3289 kJ
29 g E · 71 g F · 6 g KH

Lauchkuchen mit Speck

Zutaten für 16 Stücke

400 g Weizenmehl
20 g Hefe
1 Tl Zucker
1 Prise Salz
1 kg Lauch
3 El Butter
350 ml Gemüsebrühe
60 g Emmentaler
125 g durchwachsener Speck
3 Eier
250 g saure Sahne
Salz, Pfeffer
1/2 Tl gemahlene Muskatnuss
Fett für das Blech

Zubereitungszeit

30 Minuten
(plus Zeit zum Gehen, Schmor- und Backzeit)

Pro Stück

ca. 170 kcal/714 kJ
8 g E · 5 g F · 20 g KH

1 Mehl in eine Schüssel sieben. In die Mitte eine Mulde drücken und die Hefe hineinbröckeln. 3 El warmes Wasser, Zucker und Salz zugeben und das Ganze leicht mit Mehl bestäuben. Die Masse etwa 20 Minuten gehen lassen.

2 Den Teig durchkneten und weitere 400 ml warmes Wasser untermengen. Den Teig an einem warmen Ort gehen lassen, bis er den doppelten Umfang erreicht hat.

3 Lauch gut putzen, waschen und in Ringe schneiden. Die Butter in einer Pfanne erhitzen und die Lauchringe darin kurz andünsten. Mit Brühe ablöschen und etwa 10 Minuten köcheln lassen. Überschüssige Brühe abgießen und den Käse unter den Lauch rühren. Backofen auf 180 °C (Umluft 160° C) vorheizen. Teig ausrollen und auf ein gefettetes Backblech legen. Lauchmasse darauf verteilen.

4 Den Speck in feine Würfel schneiden und über den Lauch streuen. Für den Guss die Eier mit saurer Sahne verrühren, mit Salz, Pfeffer und Muskatnuss würzen und über die Lauch-Speck-Masse gießen. Im Ofen 45 Minuten backen.

Falscher Schnepfendreck

Zutaten für 4 Personen

- 2 Zwiebeln
- 1 El Butterschmalz
- 300 g Geflügelleber
- 1/2 Bund Petersilie
- 1/2 Tl getrockneter Thymian
- 4 El Rotwein
- 5 El Butter
- Salz, Pfeffer
- 1 Prise gemahlene Nelken

Zubereitungszeit

25 Minuten
(plus Schmorzeit)

Pro Portion

ca. 160 kcal/672 kJ
14 g E · 8 g F · 5 g KH

1 Die Zwiebeln schälen und fein hacken. Das Butterschmalz in einer Pfanne schmelzen und die Zwiebeln darin andünsten.

2 Die Geflügelleber von Sehnen befreien und in kleine Stücke schneiden. Zu den Zwiebeln geben und mitschmoren, bis sie gar ist. Die Petersilie waschen, trocken schütteln und fein hacken.

3 Petersilie, Thymian und Rotwein zur Leber geben und aufkochen lassen. Dann die Mischung pürieren und leicht abkühlen lassen.

4 Die zimmerwarme Butter unter das Leberpüree rühren. Mit Salz, Pfeffer und Nelken abschmecken. Dazu frisches Weißbrot reichen.

Früher wurde Schnepfendreck aus den Eingeweiden einer Schnepfe samt Inhalt (daher der Name) zubereitet. Für das heute üblichere Gericht „Falscher Schnepfendreck" wird zu Geflügelleber gegriffen.

Schmierkuchen

Zutaten für 20 Stücke

1 kg Kartoffeln,
500 g fertiger Brotteig
250 g Magerquark
3 Zwiebeln,
250 g geräucherter Schinken
1 El Speisestärke
50 ml Milch
2 Eier
150 ml Öl
Kümmel
Salz, Pfeffer
Fett für das Blech

Zubereitungszeit

20 Minuten
(plus Koch- und Backzeit)

Pro Stück

ca. 157 kcal/659 kJ
8 g E · 4 g F · 19 g KH

1 Die Kartoffeln gut waschen und in kochendem Wasser etwa 20 Minuten garen. Anschließen abgießen und abkühlen lassen. Den Brotteig auf einem gefetteten Backblech ausrollen. Den Backofen auf 225 °C (Umluft 200 °C) vorheizen.

2 Die Kartoffeln schälen und in eine Schüssel reiben. Den Magerquark unterrühren. Zwiebeln schälen und fein hacken. Den Schinken in kleine Würfel schneiden. Zwiebeln, Schinken, Speisestärke, Milch und Eier mit dem Öl unter die Kartoffel-Quark-Masse mischen und alles zu einem glatten Teig verarbeiten.

3 Den Teig mit Kümmel, Salz und Pfeffer abschmecken und auf dem Brotteig verteilen. Den Schmierkuchen etwa 30 Minuten im Ofen backen.

Speckpfannkuchen mit Gemüse

Zutaten für 4 Personen

4 Eier
250 g Weizenmehl
350 ml Milch
1 Prise Salz
200 g Schinkenspeck
1/2 Stange Lauch
1 Tomate, Pfeffer
1/2 Tl edelsüßes Paprikapulver
100 g Butter
1/2 Bund Petersilie

Zubereitungszeit

20 Minuten
(plus Schmor- und Bratzeit)

Pro Portion

ca. 465 kcal/1953 kJ
28 g E · 16 g F · 50 g KH

1 Eier in einer Schüssel verquirlen und mit Mehl und Milch vermischen. Salz zugeben, alles zu einem glatten Teig verrühren und etwa 20 Minuten ruhen lassen.

2 Inzwischen den Speck fein würfeln, den Lauch putzen, waschen und in Ringe schneiden, die Tomate vom Stielansatz befreien und in Würfel schneiden.

3 Den Speck in einer heißen Pfanne auslassen, die Lauchringe und die Tomatenwürfel zugeben und weich schmoren. Mit Salz, Pfeffer und Paprikapulver würzen.

4 Ein Viertel der Butter in einer Pfanne erhitzen und ein Viertel der Speckmischung hineingeben. Darüber ein Viertel des Teiges gießen und von beiden Seiten etwa 3 Minuten goldbraun zu einem Pfannkuchen braten. Aus dem restlichen Teig 3 weitere Speckpfannkuchen mit Gemüse braten.

5 Die Petersilie waschen und fein hacken. Die Speckpfannkuchen mit Petersilie bestreut servieren. Dazu grünen Salat reichen.

Handkäse mit Musik

Zutaten für 4 Personen

500 g reifer Handkäse
1 Gemüsezwiebel
1 Tl Kümmelkörner
10 El Pflanzenöl
100 ml trockener Riesling
4 Zwiebeln
80 ml Weißweinessig
schwarzer Pfeffer
aus der Mühle
1/2 Tl Salz

Zubereitungszeit

15 Minuten
(plus Zeit zum Durchziehen)

Pro Portion

ca. 151 kcal/634 kJ
5 g E · 7 g F · 11 g KH

1 Den Handkäse in Scheiben schneiden und in eine tiefe Schüssel oder ein Tongefäß legen. Die Gemüsezwiebel schälen und in Würfel schneiden. Zum Handkäse geben. Kümmel darüberstreuen und 5 El Öl mit dem Riesling zugießen. Den Käse abgedeckt mindestens 3–4 Stunden ziehen lassen.

2 Inzwischen die Zwiebeln schälen und fein würfeln. In einer Schüssel mit Essig, restlichem Öl und den Gewürzen vermischen. Die Marinade etwa 30 Minuten ziehen lassen.

3 Den Käse aus dem Topf nehmen, abtropfen lassen und auf vier Teller verteilen. Die Marinade gesondert dazu servieren. Dazu frisches Brot und Butter reichen.

Handkäse ist ein hessischer Sauermilchkäse. Der Name und die Größe des Käses stammen von der ursprünglichen Herstellungsweise, bei der der Käse mit der Hand geformt wird.

Hessisches Schneegestöber

Zutaten für 4 Personen

2 reife Camembert
400 g Frischkäse
2 El Butter
2 Zwiebeln
1 Tl Rosenpaprika
1/2 Tl gemahlener Kümmel
2 Petersilienzweige

Zubereitungszeit

15 Minuten
(plus Kühlzeit)

Pro Portion

ca. 305 kcal/1281 kJ
20 g E · 24 g F · 1 g KH

1 Camembert klein schneiden und mit dem Frischkäse in eine Schüssel geben. Die Butter unterrühren.

2 Die Zwiebeln schälen und sehr fein hacken. Zwiebel unter die Käsemasse rühren. Das Ganze gut miteinander verrühren, bis eine geschmeidige Masse entstanden ist.

3 Die Käsemasse mit Rosenpaprika und Kümmel würzen und für 2 Stunden kühl stellen.

4 Petersilie waschen, trocken schütteln und Blätter von den Stielen zupfen. Das „Schneegestöber" pyramidenförmig auf Teller anrichten und mit Petersilie garnieren.

Spargelsalat Frankfurter Art

Zutaten für 4 Personen

500 g Spargelspitzen
1 El Olivenöl
Salz
3 Eier
1 Bund Schnittlauch
einige Blätter Eisbergsalat
2 Zwiebeln
3 El Distelöl
1 Tl Senf
2 El Weißweinessig
1 El gemischte Salatkräuter (getrocknet oder frisch gehackt)
Zucker
Pfeffer
100 g gekochter Schinken

Zubereitungszeit

30 Minuten
(plus Kochzeit und Zeit zum Durchziehen)

Pro Portion

ca. 138 kcal/580 kJ
13 g E · 7 g F · 4 g KH

1 Den Spargel waschen und (soweit notwendig) schälen. Mit dem Olivenöl in wenig kochendem Salzwasser etwa 10 Minuten bissfest garen. Die Eier in etwa 10 Minuten hart kochen. Spargel sowie Eier abgießen und abkühlen lassen.

2 Schnittlauch waschen, trocken schütteln und fein hacken. Salatblätter waschen und trocken schütteln. Zwiebeln schälen und fein hacken. Eier schälen und in Scheiben schneiden.

3 Spargelspitzen und Eier mit Schnittlauch in eine Schüssel geben. Aus Zwiebeln, Öl, Senf, Essig, Kräutern, Salz, Zucker und Pfeffer eine Salatsauce mischen. Salatsauce über den Spargel geben. Schinken würfeln und unterheben. Den Salat gut mischen und etwa 30 Minuten ziehen lassen.

4 Pro Portion einige Salatblätter auf Teller geben und darauf den Spargelsalat verteilen.

Salat mit Weinsauce

Zutaten für 4 Personen

2 Köpfe Bataviasalat
  oder Eichblatt hell
1 Tl Senf
Saft von 1/2 Zitrone
100 ml trockener Riesling
60 ml Sonnenblumenöl
60 ml Sahne
Salz, Pfeffer
je 1/2 Bund Petersilie
Dill
Schnittlauch

Zubereitungszeit

20 Minuten

Pro Portion

ca. 132 kcal/554 kJ
3 g E · 9 g F · 4 g KH

1 Den Salat putzen, waschen und gut trocken schleudern. Die Blätter in mundgerechte Stücke zupfen.

2 Aus Senf, Zitronensaft, Riesling, Öl, Sahne, Salz und Pfeffer eine Salatmarinade rühren. Die Kräuter waschen, trocken schütteln und fein hacken. Unter die Marinade heben.

3 Salat in eine Schüssel geben und mit der Marinade übergießen. Als Beilage zu Fleisch und Fisch servieren.

Fenchel-Kraut-Salat

Zutaten für 4 Personen

1 kleiner Kopf Weißkraut
(ca. 500 g)
1 Fenchelknolle
2 Zwiebeln
2 rote Äpfel
Saft von 1/2 Zitrone
1 El Weinessig
150 g saure Sahne
1/2 Tl gemahlener Kümmel
Salz, Pfeffer
1/2 Tl Zucker
1/2 Bund glatte Petersilie

Zubereitungszeit

30 Minuten
(plus Zeit zum Durchziehen)

Pro Portion

ca. 120 kcal/504 kJ
4 g E · 4 g F · 14 g KH

1 Das Kraut putzen und fein hobeln. Die Fenchelknolle putzen, waschen und in feine Streifen schneiden. Die Zwiebeln schälen und in dünne Ringe schneiden.

2 Die Äpfel schälen, halbieren, von den Kerngehäusen befreien und die Apfelhälften in kleine Würfel schneiden.

3 Alle Salatzutaten in eine Schüssel geben. Aus Zitronensaft, Essig, Sahne, den Gewürzen und Zucker ein Dressing bereiten und über den Salat gießen.

4 Die Petersilie waschen, trocken schütteln und fein hacken. Unter den Salat mischen. Diesen noch etwa 30 Minuten vor dem Servieren ziehen lassen.

Suppen und Eintöpfe

Rheingauer Kräutersuppe

Zutaten für 4 Personen

- 300 g Kartoffeln
- 4 Schalotten
- 100 g frische Kräuter
  - z. B. Petersilie,
  - Kerbel,
  - Estragon,
  - Dill,
  - Kresse
- 2 El Butter
- 750 ml Gemüsebrühe
- 250 ml Sahne
- 1 Eigelb

Zubereitungszeit

30 Minuten
(plus Kochzeit)

Pro Portion

ca. 203 kcal/853 kJ
7 g E · 8 g F · 22 g KH

Rheingauer Kräutersuppe ist vor allem im Frühling eine besondere Gaumenfreude, zubereitet mit frischen Kräutern der Saison und cremiger Sahne.

1 Die Kartoffeln waschen und in kochendem Wasser in etwa 20 Minuten garen. Anschließend abgießen und abkühlen lassen. Die Schalotten schälen und fein hacken. Die Kräuter waschen, trocken schütteln und grob hacken, 2 El davon abnehmen und fein hacken.

2 Butter in einer Kasserolle schmelzen und Schalotten mit grob gehackten Kräutern darin andünsten. Die Kartoffeln schälen und würfeln. Zu den Kräutern geben und mit Gemüsebrühe aufgießen. Alles etwa 20 Minuten köcheln, dann fein pürieren.

3 Von der Sahne 3 El abnehmen, den Rest in die Suppe geben und 3 Minuten mitköcheln. Anschließend die restliche Sahne mit dem Eigelb und den fein gehackten Kräutern verrühren. Unter Rühren in die heiße Suppe geben. Nicht mehr aufkochen.

Sauerampfersuppe

Zutaten für 4 Personen

250 g frischer Sauerampfer
2 El Butter
750 ml Gemüsebrühe
250 ml Sahne
1 El Maisstärke
3 Eigelb
Salz, Pfeffer
1 Prise gemahlene Muskatnuss

Zubereitungszeit

20 Minuten (plus Kochzeit)

Pro Portion

ca. 170 kcal/714 kJ
8 g E · 10 g F · 10 g KH

1 Den Sauerampfer waschen, trocken schütteln, die Blätter von den Stielen zupfen und fein hacken. Die Butter in einem Topf erhitzen und die Hälfte des Sauerampfers darin andünsten.

2 Brühe und 200 ml Sahne zum Sauerampfer geben, aufkochen und 5 Minuten bei geringer Temperatur köcheln.

3 Die Maisstärke mit der restlichen Sahne verrühren und die Suppe damit binden. Das Eigelb verquirlen und die Suppe damit legieren, nicht mehr kochen. Zuletzt mit Salz, Pfeffer und Muskatnuss abschmecken. Mit dem verbliebenen Sauerampfer bestreut servieren.

Holunderbeer-Kirschsuppe

Zutaten für 4 Personen

500 g Holunderbeeren
2 Birnen
250 g Kirschen
1 Tl abgeriebene Schale von einer unbehandelten Zitrone
1 Zimtstange
100 g brauner Zucker
500 ml halbtrockener Rotwein
1 El Speisestärke

Zubereitungszeit

20 Minuten (plus Kochzeit)

Pro Portion

ca. 315 kcal/1323 kJ
4 g E · 1 g F · 54 g KH

1 Die Holunderbeeren waschen, abtropfen und mit einer Gabel von den Stielen abstreifen. Die Birnen waschen, schälen, halbieren und von den Kerngehäusen befreien. Birnenhälften in Stifte oder Scheiben schneiden. Die Kirschen waschen und entsteinen.

2 In einem Topf 1 l Wasser zum Kochen bringen. Obst hineingeben, Zitronenschale, Zimtstange und Zucker ebenfalls in den Topf geben. Suppe bei geringer Temperatur abgedeckt etwa 15 Minuten köcheln. Von Zeit zu Zeit umrühren, damit der Zucker sich auflöst.

3 Nach Belieben die Suppe pürieren. Vom Rotwein 4 El abnehmen. Restlichen Rotwein in die Suppe rühren und weiter köcheln lassen.

4 Die Speisestärke in den 4 El Rotwein anrühren und die kochende Suppe damit binden. Noch einmal aufkochen lassen, dann die Zimtstange entfernen.

Bergsträßer Käsesuppe

Zutaten für 4 Personen

80 g Schinkenspeck
1 Zwiebel
1 Knoblauchzehe
1 Lauchstange
1 El Öl
250 g Hackfleisch
Salz, Pfeffer
1 l Rinderbrühe
100 g Streichkäse mit Kräutern

Zubereitungszeit

20 Minuten
(plus Garzeit)

Pro Portion

ca. 525 kcal/2205 kJ
29 g E · 43 g F · 4 g KH

1 Den Schinkenspeck in Würfel schneiden. Die Zwiebel und die Knoblauchzehe schälen und fein hacken. Den Lauch putzen und in Ringe schneiden.

2 Das Öl in einem Topf erhitzen. Speckwürfel, Zwiebel und Knoblauch darin andünsten. Dann das Hackfleisch und die Lauchringe dazugeben und etwa 5 Minuten mitschmoren, bis das Hackfleisch gut durchgebraten ist. Mit Salz und Pfeffer abschmecken.

3 Die Rinderbrühe zugießen und die Suppe bei geringer Temperatur etwa 10 Minuten köcheln. Dann den Streichkäse unterrühren, bis er geschmolzen ist.

Grüne Bohnensuppe

Zutaten für 4 Personen

50 g Dörrfleisch
1 Zwiebel
1 El Öl
1,25 l Gemüsebrühe
500 g grüne Bohnen
1 Stängel Bohnenkraut
250 g Kartoffeln
50 ml Sahne
Salz, Pfeffer
1 El frisch gehackte Petersilie

Zubereitungszeit

30 Minuten
(plus Garzeit)

Pro Portion

ca. 228 kcal/958 kJ
13 g E · 11 g F · 16 g KH

1 Das Dörrfleisch fein würfeln, die Zwiebel schälen und fein hacken. Das Öl in einem Topf erhitzen und Dörrfleisch mit Zwiebel darin anschmoren. Dann mit der Gemüsebrühe aufgießen.

2 Die Bohnen putzen, waschen und klein schneiden. In die Brühe geben, das Bohnenkraut hineinlegen und alles etwa 10 Minuten köcheln.

3 Kartoffeln schälen und in kleine Würfel schneiden. In die Bohnensuppe geben und diese weitere 10 Minuten köcheln. Anschließend mit Sahne, Salz und Pfeffer abschmecken und das Bohnenkraut entfernen. Mit Petersilie bestreut servieren.

Französisch Supp

Zutaten für 4 Personen

- 1 Kohlrabi
- 4 Möhren
- 1/2 Sellerie
- 1 Lauchstange
- 1/2 Blumenkohl
- 350 g grüne Bohnen
- 2 Tomaten
- 1,25 l Fleischbrühe
- 2 El Butter
- 2 Zwiebeln
- 200 g geräucherter Schinkenspeck
- Salz, Pfeffer
- 2 El frisch gehackte Petersilie

Zubereitungszeit

30 Minuten
(plus Garzeit)

Pro Portion

ca. 403 kcal/1693 kJ
31 g E · 24 g F · 13 g KH

1 Kohlrabi, Möhren und Sellerie schälen und klein schneiden. Lauch putzen und in Ringe schneiden, Blumenkohl waschen und in Röschen teilen, die Bohnen putzen, waschen und klein schneiden. Die Haut der Tomaten einritzen. Tomaten von den Stielansätzen befreien, mit heißem Wasser überbrühen, häuten und klein schneiden.

2 Die Fleischbrühe in einem Topf erhitzen und das Gemüse darin etwa 15–20 Minuten bissfest garen.

3 Die Butter in einer Pfanne erhitzen, die Zwiebeln schälen und hacken, den Schinkenspeck in kleine Würfel schneiden. Beides in der heißen Butter anrösten.

4 Zwiebeln und Schinkenspeck in die Gemüsesuppe geben. Die Suppe mit Salz und Pfeffer abschmecken und mit Petersilie bestreut servieren.

Weinlesesuppe

Zutaten für 4 Personen

500 g Kartoffeln
500 g Zwiebeln
500 g Lauch
2 El Butterschmalz
125 ml trockener Riesling
1 l Gemüse- oder
Hühnerbrühe
1 Lorbeerblatt
1 Tl Maisstärke
200 g Sahne
Salz, Pfeffer

Zubereitungszeit

30 Minuten

Pro Portion

ca. 623 kcal/2617 kJ
51 g E · 17 g F · 59 g KH

1 Die Kartoffeln waschen. Kartoffeln und Zwiebeln schälen und in kleine Würfel schneiden. Den Lauch gut putzen und in Ringe schneiden.

2 Das Butterschmalz in einem Topf erhitzen und Kartoffeln, Zwiebeln und Lauch darin 10 Minuten unter Rühren andünsten. Anschließend den Wein zugeben und einige Minuten einkochen lassen. Die Brühe angießen, das Lorbeerblatt dazugeben und die Suppe etwa 20 Minuten abgedeckt köcheln.

3 Die Maisstärke in der Sahne glatt rühren und in die kochende Suppe geben. Einmal aufkochen lassen, bis die Suppe andickt. Mit Salz und Pfeffer abschmecken und vor dem Servieren das Lorbeerblatt entfernen.

Schnitz und Schnitz

Zutaten für 4 Personen

500 g getrocknete Birnenschnitze
375 g durchwachsener Speck
500 g Kartoffeln
5 El Instant-Brühe
Salz, Pfeffer
1/2 Tl Majoran
1/2 Bund Petersilie

Zubereitungszeit

20 Minuten
(plus Einweich- und Garzeit)

Pro Portion

ca. 543 kcal/2279 kJ
22 g E · 9 g F · 95 g KH

1 Die Birnenschnitze über Nacht in Wasser einweichen. Am nächsten Tag mit dem Einweichwasser in einen Topf geben. Den Speck in Würfel schneiden und dazugeben.

2 Die Kartoffeln waschen, schälen und in Schnitze schneiden. Ebenfalls in den Topf geben. Die Instant-Brühe zufügen und mit Salz, Pfeffer und Majoran abschmecken.

3 Die Petersilie waschen, trocken schütteln und fein hacken. Den Eintopf etwa 30 Minuten bei geringer Temperatur garen. Mit Petersilie bestreut servieren.

Schnitz und Schnitz kommt aus dem Odenwald, wo sich Kartoffeln und Birnen zu Dörrfleisch gesellen.

Erbsensuppe mit Würstchen

Zutaten für 4 Personen

80 g Bauchspeck
2 Zwiebeln
3 El Butterschmalz
400 g frische grüne Erbsen
2 l Hühnerbrühe
2 Speckschwarten
4 Möhren
1 kleiner Sellerie
200 g Kartoffeln
1 Lauchstange
1 Lorbeerblatt
Salz
Majoran
4 Paar Frankfurter Würstchen

Zubereitungszeit

20 Minuten
(plus Schmor- und Kochzeit)

Pro Portion

ca. 1345 kcal/5649 kJ
106 g E · 68 g F · 74 g KH

1 Den Bauchspeck in Würfel schneiden, die Zwiebeln schälen und würfeln. Das Schmalz in einem Topf erhitzen, Speck- und Zwiebelwürfel darin 3 Minuten unter Rühren schmoren. Die Erbsen von der Schale befreien.

2 Die Hühnerbrühe angießen, die Erbsen und die Speckschwarten hineingeben. Möhren, Sellerie und Kartoffeln schälen und würfeln. Den Lauch putzen, gründlich waschen und in Ringe schneiden. Das Gemüse in die Suppe geben und mit Lorbeer, Salz und Majoran würzen. Etwa 30 Minuten köcheln lassen.

3 Die Würstchen in Scheiben schneiden und etwa 15 Minuten vor Ende der Garzeit in die Erbsensuppe geben.

4 Die Speckschwarten und das Lorbeerblatt aus der Suppe entfernen. Die Erbsensuppe auf 4 Teller verteilen und servieren.

Gemüse und Beilagen

Schwarzwurzeln mit Hackbällchen

Zutaten für 4 Personen

500 g Schwarzwurzeln
Salz
1 Tl Zitronensaft
1 Brötchen
1 Zwiebel
250 g Hackfleisch
1 Ei
Pfeffer
4 El Butter
125 ml Gemüsebrühe
125 g Schmand

Zubereitungszeit

30 Minuten
(plus Kochzeit)

Pro Portion

ca. 350 kcal/1470 kJ
18 g E · 24 g F · 12 g KH

1 Die Schwarzwurzeln putzen, schälen und waschen. In einem Topf reichlich Salzwasser zum Kochen bringen. Die Schwarzwurzeln in Stücke schneiden und ins kochende Wasser geben. Den Zitronensaft zugeben, damit die Wurzeln sich nicht dunkel verfärben. Etwa 15 Minuten garen, die Schwarzwurzeln sollten noch knackig sein. Dann abgießen.

2 Das Brötchen in warmem Wasser einweichen. Nach 10 Minuten gut ausdrücken. Die Zwiebel schälen und hacken. Hackfleisch mit Zwiebeln, eingeweichtem Brötchen und Ei mischen und mit Salz und Pfeffer würzen. Aus dem Teig kleine Klöße formen.

3 In einer Pfanne die Butter erhitzen und die Schwarzwurzeln darin kurz schmoren, die Brühe angießen und die Hackklöße darin etwa 10 Minuten kochen. Wenn die Brühe etwas eingekocht ist, den Schmand unterrühren und abschmecken.

Leider ist die Schwarzwurzel so etwas wie das Stiefkind unter den Wintergemüsen. Zu Hause und in den Restaurants steht sie viel zu selten auf der Speisekarte. Dabei ist sie ein Delikatesse und erinnert mit ihrem zarten, süßlichen Geschmack an Austern, Spargel und Artischocken.

Gemüse in Riesling

Zutaten für 4 Personen

3 Zwiebeln
1 Knoblauchzehe
3 El Butter
1 gelbe Paprikaschote
200 g Tomaten
500 g Zucchini
200 ml trockener Riesling
150 g Crème fraîche
Salz, Pfeffer
Thymian
je 1/2 Bund Petersilie
und Kerbel

Zubereitungszeit

25 Minuten
(plus Garzeit)

Pro Portion

ca. 174 kcal/731 kJ
4 g E · 9 g F · 9 g KH

1 Die Zwiebeln schälen und in Scheiben schneiden, die Knoblauchzehe schälen und fein hacken. Butter in einem Topf erhitzen und die Zwiebeln mit dem Knoblauch darin andünsten.

2 Paprikaschote putzen, waschen und in Streifen schneiden, die Tomaten kreuzweise einritzen, heiß überbrühen, häuten und in Würfel schneiden. Zucchini putzen, waschen und in Scheiben schneiden.

3 Paprikastreifen, Tomatenwürfel und Zucchinischeiben zu den Zwiebeln in die Pfanne geben und kurz mitschmoren. Den Wein angießen und alles etwa 10 Minuten bei geringer Temperatur köcheln lassen.

4 Wenn die Flüssigkeit eingekocht ist, das Gemüse mit der Crème fraîche binden und mit den Gewürzen abschmecken.

5 Die Kräuter waschen, trocken schütteln, fein hacken und unter das Gemüse rühren.

Gefülltes Kraut

Zutaten für 4 Personen

1 Rotkohl
1 Weißkohl
2 Zwiebeln
1 Knoblauchzehe
1 kg gemischtes Hackfleisch
Salz, Pfeffer
edelsüßes Paprikapulver
gemahlener Kümmel
1 Tl Majoran
1/2 Bund Petersilie
250 ml Gemüsebrühe
Fett für die Form

Zubereitungszeit

30 Minuten
(plus Garzeit)

Pro Portion

ca. 645 kcal/2709 kJ
49 g E · 45 g F · 9 g KH

1 Die Krautköpfe putzen und die äußeren Blätter entfernen. Die übrigen Blätter ablösen und die harten Strünke entfernen. Die Krautblätter kurz in kochendem Wasser blanchieren. Aus dem Topf nehmen und abtropfen lassen.

2 Zwiebeln und Knoblauchzehe schälen und fein hacken. Mit dem Hackfleisch mischen und mit Salz, Pfeffer, Paprika, Kümmel und Majoran würzen. Die Petersilie waschen, trocken schütteln und fein hacken. Unter das Hackfleisch mischen. Den Backofen auf 200 °C (Umluft 180 °C) vorheizen.

3 Eine große Auflaufform einfetten. Abwechselnd Rotkraut, Weißkraut und Hackfleisch hineinschichten. Die letzte Schicht sollte aus Kraut bestehen. Die Brühe angießen.

4 Das Kraut mit Alufolie abdecken und im Ofen etwa 50–60 Minuten garen. Dann aus der Form stürzen und servieren. Dazu Sauce und Kartoffeln reichen.

Frankfurter Kapuziner

Zutaten für 4 Personen

- 1/2 Weißkohl
- Salz
- 4 altbackene Brötchen
- 150 ml Milch
- 50 g durchwachsener Speck
- 1 Zwiebel
- 3 Eier
- 150 g Mehl
- Pfeffer
- Muskat
- Kümmel
- 1/2 Bund Petersilie

Zubereitungszeit

35 Minuten
(plus Koch-, Einweich- und Garzeit)

Pro Portion

ca. 323 kcal/1357 kJ
9 g E · 15 g F · 34 g KH

1 Den Kohl putzen, äußere Blätter und Strunk entfernen. Kraut vierteln und in kochendem Salzwasser etwa 20 Minuten garen. Die Brötchen würfeln und in der erwärmten Milch einweichen.

2 Kohl aus dem Wasser holen, abtropfen lassen und klein schneiden. Abkühlen lassen. Speck würfeln, die Zwiebel schälen und hacken. Speck in einer Pfanne auslassen und die Zwiebel im Speckfett glasig dünsten.

3 Den Kohl und die Brötchen gut ausdrücken und mit Ei, Mehl, Speck, Zwiebeln und den Gewürzen zu einem Teig verarbeiten. Petersilie waschen, trocken schütteln und fein hacken. Unter den Kapuzinerteig mengen. Anschließend Klöße daraus formen.

4 In einem Topf reichlich Wasser aufkochen und die Klöße etwa 15 Minuten darin ziehen lassen. Als Beilage zu Braten reichen.

Wirsing mit Kastanien

Zutaten für 4 Personen

1 kg Wirsing
Salz
1 Zwiebel
60 g Butter
100 ml Sahne
Pfeffer
geriebene Muskatnuss
500 g Kastanien

Zubereitungszeit

45 Minuten
(plus Garzeit)

Pro Portion

ca. 355 kcal/1491 kJ
11 g E · 10 g F · 53 g KH

1 Den Wirsing putzen, waschen, die harten Strünke abschneiden, die Blätter ablösen und in Streifen schneiden. In einem Topf Salzwasser zum Kochen bringen und den Wirsing darin in 20 Minuten garen. Anschließend abgießen und abtropfen lassen.

2 Die Zwiebel schälen und fein würfeln. 1 El Butter in einer Pfanne erhitzen und die Zwiebelwürfel darin glasig dünsten. Den abgetropften Wirsing zugeben und 2 Minuten mitschmoren. Anschließend die Sahne unterrühren und abschmecken.

3 Die Kastanien einschneiden und in reichlich Wasser etwa 5 Minuten kochen. Abgießen und die braune Schale abziehen. Die Kastanien würfeln.

4 Die restliche Butter in einem Topf erhitzen und die Kastanien darin rösten. Anschließend unter den Wirsing rühren. Als Beilage zu Fleisch oder Fisch servieren.

Spitzbuben

Zutaten für 4 Personen

800 g Kartoffeln
100 g Stärkemehl
1 Ei
Salz, Pfeffer
20 g Schinkenspeck
2 Zwiebeln
1 El Butter
4 El Mehl
250 ml Milch

Zubereitungszeit

30 Minuten
(plus Garzeit)

Pro Portion

ca. 355 kcal/1491 kJ
9 g E · 9 g F · 57 g KH

1 Kartoffeln waschen und die Hälfte davon in kochendem Wasser in etwa 20 Minuten garen. Abgießen und abkühlen lassen. Anschließend rohe und gekochte Kartoffeln schälen und fein reiben.

2 Kartoffeln mit Stärke, Ei, 1 Tl Salz und etwas Pfeffer vermengen und alles zu einem festen Teig verarbeiten. Aus dem Teig etwa 5–6 cm lange Würstchen formen. Reichlich Wasser mit etwas Salz zum Kochen bringen, die Temperatur reduzieren und die Spitzbuben darin etwa 20 Minuten ziehen lassen, ohne sie zu kochen.

3 Für die Sauce den Speck würfeln, die Zwiebeln schälen und fein hacken. Die Butter in einem Topf erhitzen und Speck mit Zwiebeln darin einige Minuten schmoren. Das Mehl darüberstäuben, kurz anschwitzen, dann unter Rühren mit Milch und 250 ml Wasser ablöschen.

4 Die Sauce etwa 10 Minuten köcheln lassen, bis sie sämig geworden ist. Mit Salz und Pfeffer abschmecken. Die Spitzbuben abgießen, abtropfen lassen und mit der Specksauce servieren. Dazu grünen Salat reichen.

Kartoffelsalat

Zutaten für 4 Personen

1 kg Kartoffeln
40 g Dörrfleisch
1 Zwiebel
1 1/2 El Weißwein-Essig
1 Tl Senf
Salz, Pfeffer
1/2 Bund Petersilie

Zubereitungszeit

20 Minuten
(plus Koch- und Schmorzeit)

Pro Portion

ca. 197 kcal/826 kJ
7 g E · 1 g F · 38 g KH

1 Die Kartoffeln waschen und in reichlich kochendem Wasser etwa 20 Minuten garen. Anschließend abgießen, abtropfen und nur leicht abkühlen lassen. Anschließend die warmen Kartoffeln schälen und in Scheiben schneiden.

2 Das Dörrfleisch würfeln, die Zwiebel schälen und hacken. Dörrfleisch in einer Pfanne auslassen, die Zwiebeln in diesem Fett dünsten. Diese Mischung über die Kartoffeln geben.

3 Aus Essig, Senf, 125 ml heißem Wasser, Salz und Pfeffer eine Salatmarinade mischen und über den Kartoffelsalat geben. Petersilie waschen, trocken schütteln und hacken. Kartoffelsalat mit der Petersilie bestreuen. Als Beilage zu Eiern, Würstchen, Fleisch oder Fisch servieren.

Was den Hessen ihr Dörrfleisch, ist den Bayern das Wammerl oder den Niedersachsen Gestreiftes. Gemeint ist das gleiche: magerer Räucherspeck. Dörrfleisch ist unentbehrlich in der Küche, liefert für viele Gerichte das notwendige Fett und gibt ihnen ihren charakteristischen Geschmack.

Sellerietorte

Zutaten für 16 Stücke

450 g TK-Blätterteig
1 großer Staudensellerie
Salz
3 Zwiebeln
175 g gekochter Schinken
2 El Butter
1 El Speisestärke
250 ml saure Sahne
4 Eier
250 g Emmentaler
Pfeffer
Muskat
Fett für die Form

Zubereitungszeit

30 Minuten
(plus Garzeit)

Pro Stück

ca. 219 kcal/920 kJ
9 g E · 15 g F · 9 g KH

1 Blätterteig auftauen lassen. Den Staudensellerie putzen, waschen entfädeln und in Salzwasser etwa 15–20 Minuten garen. Anschließend abgießen und abtropfen lassen. Den Backofen auf 200 °C (Umluft 180 °C) vorheizen.

2 Die Zwiebeln schälen und würfeln, den Schinken in Streifen schneiden. Die Butter in einer Pfanne erhitzen und die Zwiebeln darin glasig schmoren.

3 Speisestärke mit saurer Sahne und Eiern verquirlen. Den Käse fein reiben und mit Zwiebeln und gekochtem Schinken mischen. Mit Salz, Pfeffer und Muskat abschmecken.

4 Eine gefettete Springform (Ø 26 cm) gleichmäßig mit dem ausgerollten Blätterteig auslegen. Staudensellerie in Stücke schneiden und auf dem Teig verteilen. Die Käse-Schinken-Mischung darübergeben. Sahne-Ei-Gemisch als Abschluss darübergießen. Die Torte im Ofen etwa 50 Minuten backen.

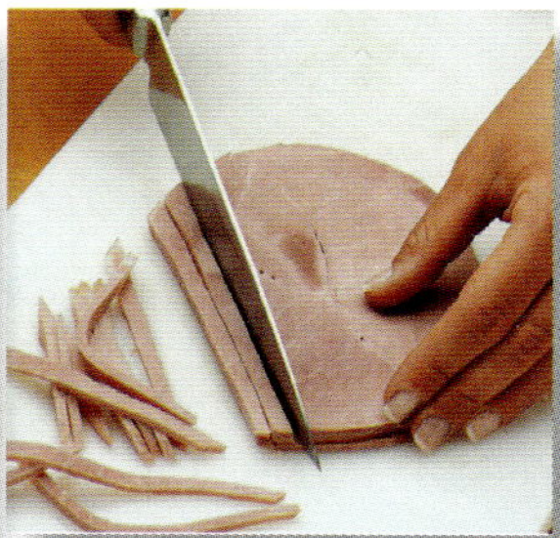
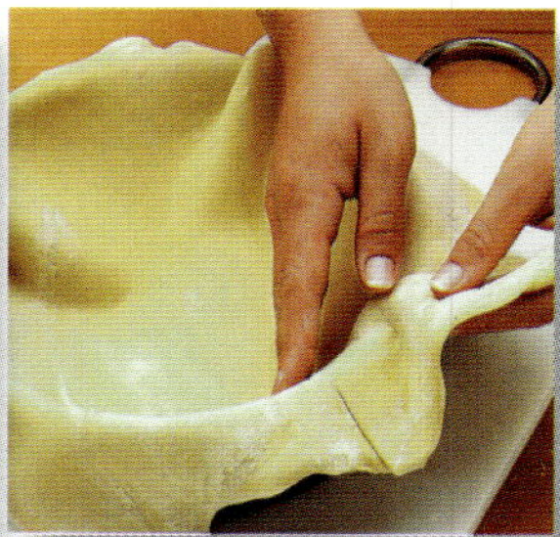

Ofenkartoffeln mit Häubchen

Zutaten für 4 Personen

1 kg mittelgroße Kartoffeln
2 El Olivenöl
100 g roher Schinken
1 Bund Schnittlauch
1 Zwiebel
125 ml Sahne
2 Eier
Salz, Pfeffer
Muskatnuss
1/2 Tl getrockneter Majoran
5 El Butter

Zubereitungszeit

30 Minuten
(plus Garzeit)

Pro Portion

ca. 373 kcal/1567 kJ
14 g E · 16 g F · 39 g KH

1 Den Backofen auf 250 °C (Umluft 225 °C) vorheizen. Die Kartoffeln gut waschen und trocken reiben. Die Schale mit Olivenöl einreiben. Kartoffeln in Alufolie wickeln und auf ein Backblech legen. Im Ofen etwa 40 Minuten backen.

2 Den Schinken würfeln, den Schnittlauch waschen, trocken schütteln und fein hacken. Die Zwiebel schälen und fein hacken. Sahne, Schinken, Zwiebel und Schnittlauch mischen und in einem Topf erhitzen. Anschließend vom Herd nehmen.

3 Die Eier trennen. Das Eigelb unter die Sahne-Mischung rühren, das Eiweiß zu steifem Schnee schlagen und unterheben. Die Masse mit Salz, Pfeffer, Muskat und Majoran würzen.

4 Die Kartoffeln längs durchschneiden und vorsichtig bis auf einen Rand von 0,5 cm aushöhlen, das Innere pürieren. Die Butter in einer Pfanne erhitzen und das Kartoffelpüree darin anschmoren, salzen und pfeffern. Sahne-Mischung mit Püree verrühren und alles wieder in die Kartoffeln füllen. Weitere 15 Minuten überbacken.

Frankfurter Grüne Sauce

Zutaten für 4 Personen

350 g von 7 verschiedenen frischen Kräutern der Saison, (z. B. Petersilie, Schnittlauch, Kerbel, Pimpinelle, Sauerampfer, Borretsch, Kresse)
4 Eier
Saft von 1 großen Zitrone
4 El Sonnenblumenöl
2 El Senf
250 g Joghurt
250 g saure Sahne
Salz, Pfeffer

Zubereitungszeit

20 Minuten
(plus Gar- und Kühlzeit)

Pro Portion

ca. 288 kcal/1210 kJ
14 g E · 20 g F · 9 g KH

1 Die Kräuter waschen, gut abtropfen lassen oder trocken schütteln und die Blätter von den Stielen zupfen. Die Kräuter in der Küchenmaschine fein hacken.

2 Die Eier etwa 10 Minuten hart kochen, abschrecken und abkühlen lassen. Danach pellen und klein schneiden.

3 In einer Schüssel Zitronensaft, Öl, Senf, Joghurt und saure Sahne gut miteinander verrühren. Mit Salz und Pfeffer abschmecken.

4 Kräuter und Eier zur Mischung geben und alles gut miteinander verrühren. Die grüne Sauce etwa 2 Stunden kühl stellen. Zu Fleisch, Fisch oder Salzkartoffeln servieren.

Seit dem 21. Mai 2007 gibt es in Frankfurt-Oberrad auch ein Denkmal für die Grüne Sauce. An einem Weg im Norden des Stadtteils stehen sieben kleine Gewächshäuser, in denen jeweils eine der Zutaten gepflanzt wird: Borretsch, Kerbel, Kresse, Petersilie, Pimpinelle, Sauerampfer und Schnittlauch.

Fleisch und Geflügel

Kalbfleischtopf

Zutaten für 4 Personen

300 g Zwiebeln
1 kg Kalbfleisch
aus der Schulter
50 g Butterschmalz
250 ml trockener Weißwein
Salz, Pfeffer
2 Nelken
1 Lorbeerblatt
Saft von 1 Zitrone
1 El Butter
3 Eigelb
250 ml Sahne
frisch geriebene Muskatnuss

Zubereitungszeit

40 Minuten
(plus Schmor- und Kochzeit)

Pro Portion

ca. 505 kcal/2121 kJ
53 g E · 24 g F · 6 g KH

1 Die Zwiebeln schälen und fein würfeln. Das Fleisch in mundgerechte Würfel schneiden.

2 Das Butterschmalz in einem Bräter erhitzen und die Zwiebeln darin andünsten. Die Fleischwürfel zugeben und unter Rühren anbraten. Anschließend die Temperatur herunterschalten und das Fleisch etwa 3 Minuten im Saft köcheln.

3 Den Wein angießen und mit Salz, Pfeffer, Nelken und Lorbeerblatt würzen. Das Fleisch weitere 45 Minuten abgedeckt köcheln. Anschließend das Lorbeerblatt entfernen und das Fleisch aus dem Topf nehmen und warm stellen.

4 Die Sauce mit Zitronensaft aufkochen und etwas reduzieren. Die Butter unterrühren. Das Eigelb mit der Sahne verquirlen und die Sauce damit legieren. Nicht mehr kochen. Mit Muskat abschmecken und über die Fleischwürfel gießen.

Kraut-Sputel

Zutaten für 4 Personen

250 g Mehl
25 g Hefe
125 ml Milch
3 Tl Zucker
Salz
50 g Butter
1 Ei
1 Zwiebel
40 g Butterschmalz
500 g Sauerkraut
2 Wacholderbeeren
125 ml Gemüsebrühe
4 Kasseler Koteletts

Zubereitungszeit

30 Minuten
(plus Zeit zum Gehen
und Backzeit)

Pro Portion

ca. 688 kcal/2890 kJ
40 g E · 24 g F · 37 g KH

1 Mehl in eine Schüssel sieben, in die Mitte eine Mulde drücken und die Hefe hineinbröckeln. Etwas von der Milch erwärmen und mit 1 Tl Zucker zugeben. Mit Mehl bestäuben und etwa 15 Minuten gehen lassen. Danach restliche warme Milch, Salz, Butter und Ei zugeben und alles gut miteinander verkneten. Erneut 30 Minuten gehen lassen.

2 Den Backofen auf 180 °C (Umluft 160 °C) vorheizen. Zwiebel schälen und fein hacken. Das Butterschmalz in einer ofenfesten Form erhitzen und die Zwiebel darin andünsten. Sauerkraut, Wacholderbeeren, restlichen Zucker, Gemüsebrühe und etwas Salz zugeben und alles etwa 10 Minuten köcheln.

3 Die Koteletts aufrecht in das Sauerkraut stellen. Aus dem aufgegangenen Hefeteig vier Klöße formen und zwischen die Koteletts setzen. Die Form schließen und im Ofen etwa 50 Minuten backen.

Eine weitere kulinarische Köstlichkeit aus dem Raum Frankfurt ist der Kraut-Sputel, der durch den kräftigen Geschmack des Kasslers ein besonders schmackhaftes Aroma erhält.

Gefüllte Ente mit Kraut

Zutaten für 4 Personen

250 g Quitten
500 ml trockener Weißwein
4 Zwiebeln
2 El Butterschmalz
1 kg Sauerkraut
50 g Rosinen
1 Lorbeerblatt
2 Nelken
Salz, Pfeffer
1 kleine küchenfertige Ente
50 g Butter
125 ml Sahne

Zubereitungszeit

30 Minuten
(plus Gar- und Bratzeit)

Pro Portion

ca. 433 kcal/1819 kJ
19 g E · 19 g F · 19 g KH

1 Quitten putzen, schälen und in Würfel schneiden. Mit 200 ml Wein in einen Topf geben und etwa 10 Minuten weich dünsten. Zwiebeln schälen und hacken. Butterschmalz in einem großen Topf erhitzen und die Zwiebeln darin glasig dünsten. Das Sauerkraut mit Rosinen und Gewürzen zu den Zwiebeln geben. Die gegarten Quitten unterheben. Alles abgedeckt weitere 10 Minuten schmoren. Anschließend das Lorbeerblatt entfernen.

2 Backofen auf 200 °C (Umluft 180 °C) vorheizen. Ente waschen, trocken tupfen und mit Salz einreiben. Die Hälfte des Krautes hineinfüllen und zunähen. Flügel und Keulen der Ente an den Körper binden und sie in einen Bräter legen.

3 Butter schmelzen und über die Ente gießen. Im Ofen 15 Minuten bei 200 °C, dann 40 Minuten bei 180 °C braten. Mit Bratensaft und restlichem Wein begießen. Das restliche Kraut noch etwa 20 Minuten garen. Die Ente nach der Garzeit aus dem Bräter nehmen. Bratensaft entfetten und durch ein Sieb gießen. Mit Sahne verfeinern und mit Salz und Pfeffer abschmecken.

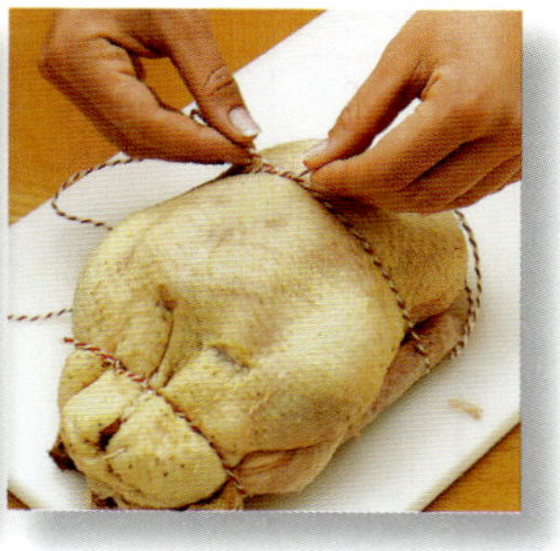

Gefüllte Hähnchenbrust

Zutaten für 4 Personen

4 doppelte Hähnchenbrust-filets
Salz, Pfeffer
100 g gekochter Schinken
je 1/2 Bund Petersilie
Schnittlauch
Kerbel
50 g frisch geriebener Emmentaler
150 g Schmand
3 El Sonnenblumenöl
100 g Mehl
100 ml Weißherbst

Zubereitungszeit

20 Minuten
(plus Schmor- und Garzeit)

Pro Portion

ca. 418 kcal/1756 kJ
48 g E · 13 g F · 20 g KH

1 Die Hähnchenbrüste waschen und trocken tupfen. Von Häuten und Sehnen befreien, dann in jedes Filet eine Tasche schneiden. Mit Salz und Pfeffer würzen.

2 Den Schinken würfeln, die Kräuter waschen, trocken schütteln und fein hacken. Schinken mit 2/3 der Kräuter, Käse und 50 g Schmand mischen und mit Salz und Pfeffer abschmecken. Die Masse in die Hähnchenbrüste füllen und diese zubinden oder feststecken.

3 Das Öl in einer Pfanne erhitzen. Die Hähnchenbrüste im Mehl wenden und im heißen Öl gut durchbraten. Aus der Pfanne nehmen und warm stellen.

4 Den Bratensatz mit Wein und restlichem Schmand ablöschen und etwas einkochen lassen. Die restlichen Kräuter unterheben. Die Sauce zu den Hähnchenbrüsten reichen.

Putenkeulen in Estragonsauce

Zutaten für 4 Personen

2 Putenkeulen
Salz, Pfeffer
1 Bund Estragon
50 g Zitronensenf
5 El Butter
150 ml trockener Weißwein
500 ml Geflügelbrühe
150 g Crème double
1 cl trockener Sherry

Zubereitungszeit

20 Minuten
(plus Bratzeit)

Pro Portion

ca. 353 kcal/1483 kJ
23 g E · 23 g F · 3 g KH

1 Den Backofen auf 220 °C (Umluft 200 °C) vorheizen. Die Putenkeulen waschen, trocken tupfen und mit Salz und Pfeffer einreiben. Den Estragon waschen, trocken schütteln und fein hacken. Estragon mit dem Senf mischen und die Putenkeulen mit der Hälfte davon einstreichen.

2 Die Butter in einem großen Bräter erhitzen und die Keulen hineinlegen. Im Ofen etwa 30 Minuten braten. Dann den Wein und die Brühe zugießen und die Keulen eine weitere Stunde und 30 Minuten garen. Aus dem Bräter nehmen und warm stellen.

3 Den Bratenfond durch ein Sieb streichen und um die Hälfte einkochen. Dann den restlichen Senf mit Estragon und der Crème double unterrühren und mit Salz und Pfeffer abschmecken. Zum Schluss mit Sherry aromatisieren. Das Fleisch von den Knochen lösen, in Scheiben schneiden und mit der Sauce servieren.

Das Fleisch des Burgunderbratens kann auch über einen längeren Zeitraum eingelegt werden, dann wird es besonders zart und schmackhaft. Es kann über Nacht in der Marinade ziehen oder sogar für drei Tage.

Rheingauer Burgunderbraten

Zutaten für 4 Personen

250 ml Spätburgunder Rotwein
je 1 Tl Salbei
Majoran
Thymian
Pfeffer, Salz
5 El Kräuteröl
1 El Senf
1 El Johannisbeergelee
Saft von 1 Zitrone
3 Zwiebeln
750 g Schweinefleisch aus der Keule
2 Möhren
1/2 Stangensellerie
1 l Fleischbrühe
1 Lorbeerblatt
2 El Stärke

Zubereitungszeit

30 Minuten
(plus Marinier- und Garzeit)

Pro Portion

ca. 453 kcal/1903 kJ
52 g E · 17 g F · 11 g KH

1 Aus Rotwein, 250 ml Wasser, Kräutern, Pfeffer, Salz, 1 El Kräuteröl, Senf, Johannisbeergelee und Zitronensaft eine Marinade herstellen. 2 Zwiebeln schälen, fein hacken und in die Marinade geben. Das Fleisch in die Marinade legen.

2 Möhren und Stangensellerie putzen, waschen und klein schneiden. Restliche Zwiebel schälen und würfeln. Das Gemüse mit der Zwiebel in der Fleischbrühe 30 Minuten köcheln, das Lorbeerblatt 5 Minuten vor Kochzeitende dazugeben. Brühe abkühlen lassen, über das Fleisch geben und 24 Stunden marinieren lassen.

3 Backofen auf 220 °C (Umluft 200 °C) vorheizen. Das restliche Kräuteröl in einem Bräter erhitzen. Braten aus der Marinade nehmen, trocken tupfen und im Fett anbraten. Etwa 1/2 l Marinade zugießen und im Ofen etwa 1 Stunde und 30 Minuten braten. Aus dem Bräter nehmen und warm stellen. Bratenfond mit etwas Marinade auffüllen und durch ein Sieb gießen. Aufkochen lassen, dann die in etwas Wasser angerührte Stärke hineingeben. Sauce unter Rühren leicht andicken lassen. Den Braten in Scheiben schneiden und mit der Sauce servieren.

Gefüllte Gans

Zutaten für 4 Personen

1 kleine küchenfertige Gans
Salz, Pfeffer
2 Brötchen
200 g Gänseleber
2 Zwiebeln
1 Bund Petersilie
400 g Hackfleisch
2 Eier
250 ml Rotwein
100 ml Sahne

Zubereitungszeit

30 Minuten
(plus Einweich- und Bratzeit)

Pro Portion

ca. 1175 kcal/4935 kJ
65 g E · 90 g F · 18 g KH

1 Die Gans gut waschen und trocknen. Innen und außen mit Salz und Pfeffer einreiben. Die Brötchen in warmem Wasser einweichen. Die Gänseleber pürieren. Die Zwiebeln schälen und fein hacken. Die Petersilie waschen, trocken schütteln und fein hacken. Den Backofen auf 180 °C (Umluft 160 °C) vorheizen.

2 Hackfleisch mit pürierter Leber, Zwiebeln, ausgedrückten Brötchen, Eiern und Petersilie mischen und mit Salz und Pfeffer abschmecken. Gans mit dieser Mischung füllen und zunähen. In einen großen Bräter mit 500 ml Wasser legen und im Ofen etwa 2 Stunden und 30 Minuten braten.

3 Die Gans während des Bratens öfter mit Bratensaft übergießen. Danach aus dem Bräter nehmen und warm stellen. Den Bratensaft mit Rotwein aufkochen und durch ein Sieb streichen. Die Sauce mit Sahne binden. Die Gans mit der Sauce servieren.

Woihinkelche

Zutaten für 4 Personen

2 Hähnchen
3 Knoblauchzehen
Salz
3 El Butterschmalz
2 El Weinbrand
2 Zwiebeln
400 g frische Champignons
1 El Butter
500 ml trockener Riesling
4 Eigelb
125 ml Sahne
1 El frisch gehackter Estragon

Zubereitungszeit

30 Minuten
(plus Schmor- und Garzeit)

Pro Portion

ca. 545 kcal/2289 kJ
33 g E · 33 g F · 8 g KH

1 Die Hähnchen waschen, trocken tupfen und in Portionen teilen. Die Knochen soweit wie möglich herauslösen. Die Knoblauchzehen schälen und mit etwas Salz zerdrücken. Die Hähnchenteile damit einreiben.

2 Das Butterschmalz in einer Pfanne erhitzen und die Hähnchenteile darin gut anbraten. Den Weinbrand darübergießen und anzünden.

3 Die Zwiebeln schälen und in Ringe schneiden, die Champignons feucht abreiben und in Scheiben schneiden. Butter in einem Topf erhitzen und die Zwiebeln mit den Pilzen darin andünsten. Anschließend zu den Hähnchenteilen geben. Wein angießen und alles etwa 25 Minuten bei mittlerer Temperatur garen.

4 Das Eigelb mit der Sahne verrühren und nach der Garzeit die Hähnchensauce damit verfeinern. Zum Schluss den Estragon unterrühren. Dazu Salat und Reis reichen.

Woihinkelche heißt schlicht und ergreifend Weinhähnchen. Wer das Weinhähnchen etwas alkoholischer abgeschmeckt haben will, nehme zusätzlich ein Gläschen Apfelschnaps dazu.

Eingelegter Schweinekamm

Zutaten für 4 Personen

1 Bund Suppengrün
375 ml trockener Rotwein
375 ml Rotweinessig
6 Wacholderbeeren
2 Nelken
1 Tl Basilikum
1 Tl Salz
Schale von 1 ungespritzten Zitrone
1,5 kg Schweinekamm
5 El Butterschmalz
125 ml Sahne

Zubereitungszeit

30 Minuten
(plus Marinier- und Garzeit)

Pro Portion

ca. 550 kcal/2310 kJ
53 g E · 29 g F · 6 g KH

1 Das Suppengrün putzen, waschen und kleinschneiden. Aus Rotwein, Essig, 375 ml Wasser, Suppengrün, zerstoßenen Wacholderbeeren und Nelken, Basilikum, Salz und Zitronenschale eine Beize herstellen.

2 Das Fleisch in die Beize legen, abdecken und mindestens 2 Tage darin marinieren lassen. Danach herausnehmen und trocken tupfen. Den Backofen auf 180 °C (Umluft 160°C) vorheizen.

3 Das Butterschmalz in einem großen Bräter erhitzen und den Schweinekamm darin von allen Seiten gut anbraten. Nach und nach die Beize zugeben. Das Fleisch im Ofen etwa 1 Stunde und 30 Minuten garen. Dabei öfter mit der Beize begießen.

4 Nach dem Garen das Fleisch aus dem Bräter nehmen und warm stellen. Die Bratensauce durch ein Sieb passieren und in einen Topf geben. Die Sahne einrühren, die Sauce aufkochen lassen und abschmecken. Das Fleisch in Scheiben schneiden und mit der Sauce servieren.

Weckewerk

Zutaten für 4 Personen

250 g altbackenes Brot
250 ml Rinderbrühe
750 g Schweinefleisch
Reste vom Schweinebraten
oder Hackfleisch
2 Zwiebeln
1 Tl Majoran
1 Tl Koriander
1 Tl Piment
1 Tl Kümmel
Salz, Pfeffer
1 Ei, Paniermehl
3 El Butterschmalz

Zubereitungszeit

20 Minuten
(plus Einweich- und Bratzeit)

Pro Portion

ca. 510 kcal/2142 kJ
47 g E · 21 g F · 31 g KH

1 Das Brot in der heißen Rinderbrühe einweichen. Das Schweinefleisch durch den Fleischwolf drehen. Die Zwiebeln schälen und fein hacken.

2 Das gehackte Fleisch mit dem eingeweichten Brötchen (samt Brühe), den Zwiebeln und den Gewürzen zu einem Teig verarbeiten. Dann die Masse noch einmal gut durchkneten.

3 Den Backofen auf 175 °C vorheizen. Den Fleischteig zu einem Brotlaib formen, mit verquirltem Ei und Paniermehl einreiben und in der Pfanne im heißen Butterschmalz etwa 10 Minuten braten. Anschließend das Weckewerk 30 Minuten im Ofen schmoren.

4 Das Weckewerk in Scheiben schneiden und mit grünem Salat und frischem Brot servieren.

Weckewerk ist eine nordhessische Wurstspezialität. Gestreckt wird die Wurst mit altbackenen Brötchen, die der Wurst zu ihrem Namen verhelfen: „Wecke" oder „Wegge" ist die traditionelle Bezeichnung für Brötchen in Nordhessen.

Frankfurter Ochsenbrust

Zutaten für 4 Personen

1 kg Ochsenbrust
Salz, Pfeffer
1,5 l Fleischbrühe
300 g Kartoffeln
3 Karotten
1/2 Sellerie
1 Lauchstange
2 El Öl
300 ml Gemüsebrühe
100 g Kräuter für Grüne Sauce
(siehe S. 67)
100 g Butter
50 ml Sahne
Zitronensaft

Zubereitungszeit

30 Minuten
(plus Gar- und Schmorzeit)

Pro Portion

ca. 695 kcal/2919 kJ
40 g E · 52 g F · 15 g KH

1 Das Fleisch mit Salz und Pfeffer einreiben. Die Fleischbrühe in einem großen Topf erhitzen und das Fleisch darin bei geringer Temperatur etwa 1 Stunde und 30 Minuten garen.

2 Kartoffeln, Karotten und Sellerie schälen und stifteln, den Lauch putzen und in dünne Ringe schneiden. Das Öl in einem Topf erhitzen und das Gemüse darin kurz andünsten. Mit 200 ml Gemüsebrühe auffüllen, etwa 10 Minuten köcheln und abgießen.

3 Die Kräuter waschen, trocken schütteln und fein hacken. Mit der weichen Butter verrühren. Die Butter in der restlichen Gemüsebrühe aufschäumen und mit Sahne verfeinern. Mit Salz, Pfeffer und Zitronensaft abschmecken.

4 Das Fleisch aus dem Sud nehmen, abtropfen und in dünne Scheiben schneiden. Fleisch auf dem Gemüse servieren und mit der Kräutersauce überziehen.

Schmorbraten mit Nuss-Sauce

Zutaten für 4 Personen

1 Bund Suppengrün
4 Zwiebeln
3 El Butterschmalz
1 kg Rinderbraten
Salz, Pfeffer
250 ml trockener Weißwein
100 g Walnüsse
100 g Sahne
1/2 Tl Cayennepfeffer
2 El Grappa

Zubereitungszeit

20 Minuten
(plus Schmor- und Bratzeit)

Pro Portion

ca. 660 kcal/2772 kJ
57 g E · 38 g F · 11 g KH

1 Das Suppengrün putzen, Möhren und Sellerie schälen und alles klein schneiden. Die Zwiebeln schälen und in Würfel schneiden.

2 Das Butterschmalz in einem Bräter erhitzen und das Fleisch darin von allen Seiten gut anbraten. Mit Salz und Pfeffer würzen. Das Suppengrün und die Zwiebeln zugeben und einige Minuten mitschmoren. Den Wein angießen und den Braten bei geringer Temperatur etwa 1 Stunde und 30 Minuten schmoren.

3 Das Fleisch nach der Garzeit aus dem Bräter nehmen und warm stellen. Die Sauce durch ein Sieb in einen Topf streichen. Die Walnüsse fein hacken und mit der Sahne in die Bratensauce geben.

4 Die Sauce erhitzen und mit Salz, Pfeffer, Cayennepfeffer und Grappa abschmecken. Das Fleisch in Scheiben schneiden und mit der Nuss-Sauce servieren. Dazu Kartoffeln, Nudeln, Gemüse oder Salat reichen.

Geschnetzeltes mit Backobst

Zutaten für 4 Personen

500 g gemischtes Backobst
750 g Schweineschnitzel
4 Zwiebeln
1 El Butterschmalz
Salz, Pfeffer
1 Tl edelsüßes Paprikapulver
125 ml Brühe
250 ml Apfelwein
1 El Apfelmus
125 ml Sahne

Zubereitungszeit

30 Minuten
(plus Einweich- und Garzeit)

Pro Portion

ca. 660 kcal/2772 kJ
49 g E · 10 g F · 84 g KH

1 Das Backobst gut waschen und über Nacht in kaltem Wasser einweichen.

2 Das Schnitzelfleisch in dünne Streifen schneiden. Die Zwiebeln schälen und fein würfeln.

3 Das Butterschmalz in einer Pfanne erhitzen und die Fleischstreifen darin anbraten. Zwiebelwürfel zugeben und mitschmoren. Mit Salz, Pfeffer und Paprika würzen. Die Brühe angießen.

4 Das Backobst abtropfen lassen und klein schneiden. Zum Fleisch geben und den Apfelwein angießen. Die Mischung etwa 20 Minuten bei geringer Temperatur köcheln, nach Bedarf noch mit etwas Brühe oder Apfelwein aufgießen.

5 Den Apfelmus mit der Sahne vermischen und unter das Geschnetzelte heben. Noch einmal erhitzen und servieren. Dazu Salat und Nudeln reichen.

Winzergulasch

Zutaten für 4 Personen

500 g Zwiebeln
1 Lauchstange
1 Möhre
1 grüne Paprikaschote
3 El Butterschmalz
500 g gemischtes Gulasch
(Rind und Schwein)
Salz, Pfeffer
1 Tl edelsüßes Paprikapulver
1/2 Tl Estragon
1/2 Tl Oregano
1 Lorbeerblatt
200 ml Riesling
250 g weiße Trauben

Zubereitungszeit

35 Minuten
(plus Schmor- und Garzeit)

Pro Portion

ca. 333 kcal/1399 kJ
29 g E · 10 g F · 20 g KH

1 Die Zwiebeln schälen und in Ringe schneiden. Das Gemüse putzen, waschen und die Möhre schälen. Den Lauch in Ringe schneiden, Möhre und Paprika würfeln.

2 Das Butterschmalz in einem Bräter erhitzen und das Gulasch darin scharf anbraten. Mit Salz, Pfeffer und Paprikapulver würzen. Die Zwiebelringe zugeben und mitschmoren. Das übrige Gemüse ebenfalls zugeben.

3 Getrocknete Kräuter und Lorbeerblatt zufügen, 200 ml Wasser und den Wein angießen und das Gulasch bei geringer Temperatur etwa 45 Minuten schmoren. 10 Minuten vor Ende der Garzeit die gewaschenen Trauben zufügen und miterhitzen. Lorbeerblatt entfernen. Dazu Nudeln oder Spitzbuben servieren.

Weißkrautauflauf

Zutaten für 4 Personen

1 kg Weißkraut
Salz
2 Brötchen
250 ml Milch
2 Zwiebeln
50 g Speck
500 g gemischtes Hackfleisch
Pfeffer
1/2 Tl edelsüßes Paprikapulver
1 Tl Kümmelkörner
40 g Butter
100 g geriebener Gouda oder Emmentaler
Fett für die Form

Zubereitungszeit

30 Minuten
(plus Garzeit)

Pro Portion

ca. 573 kcal/2405 kJ
37 g E · 40 g F · 15 g KH

1 Das Kraut putzen, waschen, grob zerschneiden und die harten Strünke entfernen. In einem Topf Salzwasser aufkochen, die Krautstücke kurz darin blanchieren, abgießen und abtropfen lassen. Den Backofen auf 200 °C (Umluft 180 °C) vorheizen.

2 Die Brötchen in Würfel schneiden und in der Milch einweichen. Die Zwiebeln schälen und hacken. Den Speck in kleine Würfel schneiden. Nach etwa 10 Minuten die Brötchen aus der Milch nehmen und gut ausdrücken.

3 Hackfleisch mit eingeweichten Brötchen, Zwiebeln und Speck mischen und mit Salz, Pfeffer, Paprika würzen. Mit dem Kraut mischen und den Kümmel unterheben.

4 Das Kraut in eine gefettete Auflaufform füllen und mit Butterflöckchen bedecken. Den Auflauf im Ofen etwa 1 Stunde 30 Minuten backen. Nach etwa 1 Stunde 10 Minuten den Käse darüberstreuen und goldgelb überbacken. Zum Krautauflauf Bratkartoffeln reichen.

Wild-
gerichte

Kaninchen mit Pilzen

Zutaten für 4 Personen

1 küchenfertiges Kaninchen
Salz, Pfeffer
1 Zwiebel
1 Knoblauchzehe
1 Möhre
3 El Butterschmalz
3 El Mehl
250 ml trockener Weißwein
250 ml Kalbsfond
2 Nelken
1 Lorbeerblatt
5 Pfefferkörner
5 Wacholderbeeren
250 g frische Pfifferlinge
2 El Butter
1 Tl frisch gehackter Estragon

Zubereitungszeit

30 Minuten
(plus Schmor- und Garzeit)

Pro Portion

ca. 595 kcal/2499 kJ
49 g E · 16 g F · 59 g KH

1 Das Kaninchen in Portionsstücke teilen und mit Salz und Pfeffer würzen. Zwiebel und Knoblauchzehe schälen und hacken. Die Möhre schälen und würfeln.

2 Das Butterschmalz in einem Bräter erhitzen und die Kaninchenteile darin anbraten. Möhre, Zwiebel und Knoblauch zugeben und kurz mitschmoren. Das Mehl über den Bräterinhalt stäuben und alles mit Wein und Fond begießen.

3 Die Nelken, das Lorbeerblatt, die zerdrückten Pfefferkörner und die Wacholderbeeren zugeben und das Kaninchen abgedeckt etwa 45 Minuten garen.

4 Inzwischen die Pfifferlinge putzen und waschen. Butter in einem Topf erhitzen und die Pilze darin andünsten. Den Estragon darüberstreuen. Die Kaninchenteile aus dem Topf nehmen, die Sauce durch ein Sieb passieren. Dann mit den Estragon-Pilzen vermischen, aufkochen und zum Kaninchen servieren.

Wildschweinroulade

Zutaten für 4 Personen

750 g Wildschweinkeule ohne Knochen
Salz, Pfeffer
mittelscharfer Senf
150 g Bauchspeck
3 Zwiebeln
4 El Butterschmalz
500 ml Wildbrühe
4 Wacholderbeeren
1 Lorbeerblatt
125 ml saure Sahne

Zubereitungszeit

20 Minuten
(plus Schmor- und Garzeit)

Pro Portion

ca. 675 kcal/2835 kJ
49 g E · 51 g F · 4 g KH

1 Wildschweinkeule in 4 Scheiben schneiden und klopfen. Die Fleischscheiben mit Salz und Pfeffer einreiben und mit Senf bestreichen.

2 Den Bauchspeck in 4 Scheiben schneiden und die Wildrouladen damit belegen. Die Zwiebeln schälen, in Ringe schneiden und auf den Speck legen. Rouladen zusammenrollen und mit Rouladennadeln zusammenstecken.

3 Das Butterschmalz in einem Bräter erhitzen und die Rouladen darin von allen Seiten anbraten. Die Brühe angießen, Wacholderbeeren und Lorbeerblatt zugeben und die Rouladen bei mittlerer Temperatur etwa 1 Stunde und 20 Minuten braten. Mehrmals mit Bratenfond übergießen.

4 Die fertigen Rouladen aus dem Bräter nehmen und die Sauce durch ein Sieb passieren. Mit saurer Sahne abschmecken. Rouladen mit Sauce und frischen Spätzle oder Nudeln servieren.

Gebratener Fasan

Zutaten für 4 Personen

1 großer küchenfertiger Fasan
Salz, Pfeffer
50 g geräucherter Speck
5 El Butterschmalz
100 g grob gehackte Mandeln
250 ml Traubenmost
250 ml Orangensaft
200 ml Geflügelfond
2 cl Cognac
2 Tl Speisestärke
125 ml Sahne

Zubereitungszeit

20 Minuten
(plus Schmor- und Garzeit)

Pro Portion

ca. 740 kcal/3108 kJ
52 g E · 32 g F · 51 g KH

1 Fasan innen und außen gut salzen, Flügel und Keulen mit Küchengarn festbinden. Den Speck in dünne Scheiben schneiden und den Fasan damit umwickeln.

2 Das Butterschmalz in einem Bräter erhitzen und den Fasan darin etwa 10–15 Minuten gut anbraten. Die Mandeln zugeben und mitschmoren.

3 Traubenmost, Orangensaft und Geflügelfond angießen und alles etwa 10 Minuten köcheln. Cognac zufügen und den Bräter mit dem Deckel verschließen. Den Fasan 40 Minuten garen, dabei mehrmals mit Bratenfond übergießen.

4 Nach der Garzeit den Fasan aus dem Bräter nehmen. Speckscheiben in Würfel schneiden, den Fasan warm stellen.

5 Die Speisestärke in etwas kaltem Wasser anrühren und die Sauce damit binden. Speck zugeben und die Sauce abschmecken. Die Sahne einrühren und die Sauce noch einmal erhitzen. Fasan mit Sauce übergießen und servieren.

Fasane, die zum Braten gedacht sind, sollten immer möglichst jung sein. Als Faustregel gilt: Hennen sind zarter als Hähne, aber Hähne sind schmackhafter als ihre weiblichen Artgenossen.

Hirsch mit Kräuterkruste

Zutaten für 4 Personen

600 g Hirschrücken
1 Knoblauchzehe
Salz
je 1 Tl Rosmarin
Salbei
Koriander
gemahlener Piment
5 Wacholderbeeren
2 Nelken
1 Lorbeerblatt
Pfeffer
3 El Butterschmalz
250 ml Wildfond

Zubereitungszeit

20 Minuten
(plus Schmor- und Garzeit)

Pro Portion

ca. 410 kcal/1722 kJ
31 g E · 6 g F · 55 g KH

1 Hirschrücken gut trocken tupfen. Den Knoblauch schälen und mit etwas Salz zerdrücken.

2 Rosmarin, Salbei und Koriander fein hacken, Wacholderbeeren und Nelken zerdrücken, das Lorbeerblatt zerkrümeln. Diese Kräuter mit Piment und Pfeffer mischen und den Hirschrücken gut damit einreiben. Die Kräuter festdrücken.

3 Das Butterschmalz in einem Bräter erhitzen und den Hirschrücken darin anbraten. Etwa 20 Minuten braten, sodass das Fleisch noch saftig ist. Dann aus dem Bräter nehmen und den Bratenfond mit Wildfond ablöschen. Die Sauce etwas einkochen lassen.

4 Das Fleisch in Scheiben schneiden und mit der Sauce servieren. Dazu Rotkraut und Bandnudeln servieren.

Hasenkeule in Rahmsauce

Zutaten für 4 Personen

4 Hasenkeulen
Salz, Pfeffer
10 Wacholderbeeren
75 g durchwachsener Speck
1 Stück Speckschwarte
1 Zwiebel
5 El Butterschmalz
2 Lorbeerblätter
250 ml trockener Rotwein
1 El Speisestärke
2 cl Wacholderschnaps
250 ml Sahne

Zubereitungszeit

20 Minuten
(plus Schmor- und Garzeit)

Pro Portion

ca. 415 kcal/1743 kJ
52 g E · 15 g F · 6 g KH

1 Hasenkeulen von Häuten und Sehnen befreien, mit Salz und Pfeffer einreiben. 8 Wacholderbeeren zerdrücken und die Hasenkeulen damit bestreichen. Den Speck in Würfel schneiden, die Speckschwarte in Stücke schneiden. Die Zwiebel schälen und hacken.

2 Das Butterschmalz in einem Bräter erhitzen und den Speck mit der Speckschwarte darin andünsten. Zwiebel zugeben und glasig dünsten. Die Hasenkeulen hineinlegen und mit restlichen Wacholderbeeren und Lorbeerblättern belegen. Bei geschlossenem Bräter etwa 30 Minuten schmoren.

3 Anschließend den Rotwein nach und nach dazugießen und die Keulen weitere 40 Minuten schmoren. Nach der Garzeit aus dem Bräter nehmen und warm stellen.

4 Die Bratensauce durch ein Sieb passieren und etwas einkochen lassen. Die Stärke in wenig Wasser einrühren und die Sauce damit binden. Mit Wacholderschnaps abschmecken und mit Sahne verfeinern.

Dippehas

Zutaten für 4 Personen

1 küchenfertiger Wildhase
Salz, Pfeffer
500 g Bauchspeck
2 Tomaten
2 Zwiebeln
50 g Butterschmalz
1 Lorbeerblatt
6 Wacholderbeeren
4 Pfefferkörner
150 g Schwarzbrot
1 l trockener Rotwein
125 ml saure Sahne
1/2 Bund Petersilie

Zubereitungszeit

30 Minuten
(plus Schmor- und Garzeit)

Pro Portion

ca. 1240 kcal/5208 kJ
40 g E · 98 g F · 23 g KH

1 Den Hasen in Portionsstücke zerteilen und mit Salz und Pfeffer einreiben. Den Bauchspeck in Würfel schneiden. Die Tomaten kreuzweise einritzen, mit kochendem Wasser übergießen, häuten und von den Stielansätzen befreien, anschließend in Würfel schneiden. Die Zwiebeln schälen und klein schneiden.

2 Das Butterschmalz in einem großen Bräter erhitzen und die Hasenteile darin von allen Seiten gut anbraten. Den Bauchspeck zugeben und unter Rühren mitbraten. Tomaten, Zwiebeln, Lorbeerblatt und die zerdrückten Gewürzkörner zufügen. Alles noch etwa 3 Minuten schmoren.

3 Backofen auf 180 °C (Umluft 160 °C) vorheizen. Schwarzbrot zerbröseln und unterrühren. So viel Wein angießen, dass das Fleisch bedeckt ist. Den Dippehas im Ofen mindestens 2 Stunden garen. Dann die Garprobe machen und evtl. noch weitere 50 Minuten garen, bis das Fleisch schön weich ist. Anschließend das Lorbeerblatt entfernen. Die Sauce mit saurer Sahne abschmecken. Petersilie waschen, trocken schütteln und hacken. Über den Dippehas streuen.

Dipphas stammt ursprünglich aus dem Rheingau. Zum Essen ist daher ein Rheingauer Spätburgunder empfehlenswert. Dazu passen rohe Kartoffelklöße.

Geschmorte Rehkeule

Zutaten für 4 Personen

1 kg Rehkeule
Salz, Pfeffer
gemahlene Muskatnuss
4 El Butterschmalz
5 Wacholderbeeren
3 Lorbeerblätter
500 ml trockener Rotwein
1 Bund Suppengrün
2 Zwiebeln
2 El Speisestärke
150 ml Sahne
100 g Preiselbeeren

Zubereitungszeit

25 Minuten
(plus Schmor- und Garzeit)

Pro Portion

ca. 530 kcal/2226 kJ
40 g E · 22 g F · 24 g KH

1 Den Backofen auf 180 °C (Umluft 160 °C) vorheizen. Die Rehkeule von allen Seiten mit Salz, Pfeffer und Muskatnuss einreiben.

2 Das Butterschmalz in einem großen Bräter erhitzen und die Rehkeule von allen Seiten gut anbraten. Die Wacholderbeeren und die Lorbeerblätter zugeben und mit etwas Rotwein ablöschen. Die Keule im Ofen etwa 2 Stunden schmoren.

3 Inzwischen das Suppengrün putzen, waschen, Möhre und Sellerie schälen, das Gemüse klein schneiden. Zwiebeln schälen und würfeln. Nach 1 Stunde Garzeit zur Keule geben. Nach und nach den restlichen Rotwein zugießen.

4 Nach der Garzeit die Keule aus dem Bräter nehmen und die Sauce durch ein Sieb passieren. Speisestärke in etwas Wasser anrühren und die Sauce binden. Mit Sahne und Preiselbeeren verfeinern. Zur Rehkeule servieren.

Wildpastete

Zutaten für 4 Personen

500 g gemischtes Wildfleisch
3 Schalotten
4 El Butter
1 altbackenes Brötchen
3 Eier
60 g Sardellen (aus dem Glas)
125 g Dörrfleisch
125 g Champignons
Salz, Pfeffer

Zubereitungszeit

30 Minuten
(plus Schmor- und Garzeit)

Pro Portion

ca. 118 kcal/496 kJ
12 g E · 7 g F · 2 g KH

1 Das Wildfleisch würfeln und bis auf einige Würfel durch den Fleischwolf drehen, bis eine sehr feine Masse entstanden ist. Die Schalotten schälen und fein hacken. Butter in einer Pfanne erhitzen und die Schalotten darin glasig dünsten.

2 Das Brötchen in Wasser einweichen. 2 Eier trennen. 1 Eiweiß zu steifem Schnee schlagen, 1 Ei und 2 Eigelb verquirlen. Sardellen klein schneiden, das Dörrfleisch fein würfeln. Champignons putzen und in Scheiben schneiden, Brötchen ausdrücken.

3 Nun alle Zutaten bis auf den Eischnee miteinander zu einem glatten Teig vermengen. Mit Salz und Pfeffer würzen, zuletzt den Eischnee unterheben.

4 Eine Kastenform einfetten oder mit Backpapier auslegen. Den Fleischteig hineinlegen und gut verschlossen im Wasserbad etwa 1 Stunde garen. Aus der Form nehmen, abkühlen lassen und in Scheiben schneiden.

Fischgerichte

Forelle blau

Zutaten für 4 Personen

4 küchenfertige Forellen
1 Zwiebel
1 Zweig frischer Estragon
1 Zweig frische Zitronenmelisse
250 ml Weinessig
1 Lorbeerblatt
1 Tl Salz
1 Tl Zucker
1 Zitrone in Scheiben geschnitten
Sahnemeerrettich (aus dem Glas)

Zubereitungszeit

20 Minuten (plus Garzeit)

Pro Portion

ca. 263 kcal/1105 kJ
41 g E · 6 g F · 4 g KH

1 Die Forellen gut waschen und trocken tupfen. Zwiebel schälen und fein hacken. Kräuter waschen und trocken schütteln.

2 In einem großen Topf 1 l Wasser mit Weinessig, Zwiebel, Kräutern, Lorbeerblatt, Salz und Zucker aufkochen.

3 Die Forellen in den kochenden Sud geben und etwa 10 Minuten bei geringer Temperatur ziehen lassen. Wenn sich die Rückenflosse leicht lösen lässt, sind die Fische gar.

4 Die Forellen aus dem Sud nehmen und abtropfen lassen, mit Sahnemeerrettich und Zitronenscheiben servieren. Dazu Salzkartoffeln und zerlassene Butter reichen.

Die Rhönforelle wird meist als Forelle blau auf den Tischen der Wohlhabenden gereicht. Die „wild gefischten" wanderten meist in die Kochtöpfe der ärmeren Bevölkerungsschichten. Wie populär die Forelle schon vor Jahrhunderten gewesen sein muss, bezeugt die Tatsache, dass sie als Wappentier der Herren von Tann diente.

Heringe in Schmand

Zutaten für 4 Personen

375 ml Schmand
oder saure Sahne
2 Lorbeerblätter
5 Wacholderbeeren
4 Zwiebeln
4 küchenfertige Matjesfilets
1 Apfel
1 Salzgurke

Zubereitungszeit

30 Minuten
(plus Marinierzeit)

Pro Portion

ca. 640 kcal/2688 kJ
31 g E · 53 g F · 10 g KH

1 Den Schmand mit Lorbeerblättern und Wacholderbeeren vermischen. Eine Zwiebel schälen und fein würfeln. Unter den Schmand mischen und alles über Nacht ziehen lassen.

2 Am nächsten Tag die Heringe gut waschen und in Stücke schneiden. Die restlichen Zwiebeln schälen und in Ringe schneiden. Den Apfel waschen, schälen, vom Kerngehäuse befreien und in Würfel schneiden. Die Gurke ebenfalls würfeln.

3 In einen Steinguttopf abwechselnd Heringsstücke, Zwiebelringe, Apfelstücke, Gurkenwürfel und Schmandmischung geben. Schmandheringe vor dem Servieren noch einige Stunden an einem kühlen Ort durchziehen lassen. Mit Pellkartoffeln servieren.

Kabeljau in Rieslingsauce

Zutaten für 4 Personen

800 g Kabeljaufilet
Salz, Pfeffer
2 El Zitronensaft
250 ml trockener Riesling
50 g Butter
3 El Mehl
250 ml Sahne
1/2 Bund frischer Dill

Zubereitungszeit

20 Minuten
(plus Marinier- und Garzeit)

Pro Portion

ca. 340 kcal/1428 kJ
43 g E · 10 g F · 7 g KH

1 Das Kabeljaufilet gut trocken tupfen und mit Salz und Pfeffer würzen. Mit Zitronensaft beträufeln und in mundgerechte Würfel schneiden. Fischwürfel in eine Schüssel geben und mit 100 ml Riesling übergießen. 30 Minuten darin marinieren lassen.

2 Die Butter in einem Topf schmelzen. Das Mehl zugeben und unter Rühren anschwitzen. Mit restlichem Wein ablöschen und unter Rühren andicken lassen.

3 Die Fischwürfel aus der Marinade nehmen und die Marinade in die Sauce rühren. Sahne zufügen und die Sauce erhitzen. Die Fischwürfel hineingeben und bei geringer Temperatur etwa 15 Minuten darin garen lassen.

4 Den Dill waschen, trocken schütteln und fein hacken. Dill in die Sauce rühren. Den Kabeljau in Rieslingsauce mit Salzkartoffeln oder Reis servieren.

Gemischter Fischtopf

Zutaten für 4 Personen

2 kleine küchenfertige Flussaale
2 El Essig
250 g Lachsforellen-Filets
250 g Zanderfilet
2 Bund Suppengrün
3 Zwiebeln
3 Kartoffeln
Salz
1,5 l Gemüsebrühe
250 ml trockener Weißwein
5 El Butter
Pfeffer

Zubereitungszeit

40 Minuten
(plus Gar- und Schmorzeit)

Pro Portion

ca. 863 kcal/3625 kJ
58 g E · 60 g F · 10 g KH

1 Die Aale in Essigwasser 10 Minuten garen, dann das Fleisch von den Gräten lösen und in Würfel schneiden. Die Fischfilets ebenfalls würfeln.

2 Das Suppengrün putzen, Möhren und Sellerie schälen, das Gemüse in Streifen schneiden. Die Zwiebeln schälen und würfeln. Die Kartoffeln schälen und in Salzwasser garen. Dann in Würfel schneiden.

3 Die Gemüsebrühe mit dem Wein in einen Topf geben und erhitzen und die Fischwürfel darin etwa 10 Minuten garen, dann das Aalfleisch zugeben.

4 Butter in einem Topf schmelzen und das Gemüse darin 7–8 Minuten andünsten, dann die Kartoffeln zugeben. Gemüse und Kartoffeln mit dem Fisch mischen und mit Salz und Pfeffer abschmecken.

Forellenklöße aus dem Wispertal

Zutaten für 4 Personen

8 frische Forellenfilets
500 ml Sahne
Salz, Pfeffer
2 El frisch gehackter Dill
250 ml Fischfond
200 ml trockener Weißwein
50 g Butter
50 g Mandelblättchen

Zubereitungszeit

20 Minuten
(plus Garzeit)

Pro Portion

ca. 910 kcal/3822 kJ
73 g E · 36 g F · 62 g KH

1 Die Forellenfilets im Mixer pürieren, 250 ml Sahne zugeben und vermischen. Das Püree mit Salz und Pfeffer abschmecken. Den Dill unterheben.

2 Den Fischfond mit Wein in einen Topf geben und zur Hälfte einkochen lassen. Die restliche Sahne zugeben und weiter einkochen. Die kalte Butter flöckchenweise unterrühren. Die Sauce mit Salz und Pfeffer abschmecken.

3 Aus dem Fischpüree mit einem Esslöffel Klöße abstechen und in der Sauce etwa 15 Minuten garen. Inzwischen die Mandelblättchen in einer Pfanne ohne Fett rösten und über die Fischklößchen streuen und servieren.

Karpfen mit Zwiebelsauce

Zutaten für 4 Personen

1 großer Karpfen (ca. 1,5 kg)
Salz, Pfeffer
3 Zwiebeln
150 g Butter
3 El Mehl
1/2 Tl getrockneter Thymian
125 ml Weinessig
3 El Zucker
Saft und Schale von
1 unbehandelten Zitrone
4 Nelken

Zubereitungszeit

20 Minuten
(plus Koch- und Garzeit)

Pro Portion

ca. 420 kcal/1764 kJ
46 g E · 22 g F · 6 g KH

1 Karpfen ausnehmen, schuppen, gut waschen, trocken tupfen und mit Salz und Pfeffer einreiben. Die Zwiebeln schälen und hacken. Den Backofen auf 200 °C (Umluft 180 °C) vorheizen.

2 125 g Butter in einem Topf erhitzen und das Mehl darin anschwitzen. Die Zwiebeln zugeben und mitschmoren. 250 ml Wasser, Thymian, Essig, Zucker, Zitronensaft und -schale sowie Nelken zugeben und unter Rühren etwa 10 Minuten köcheln. Dann die Sauce durch ein Sieb gießen.

3 Den Karpfen innen und außen mit der restlichen Butter bestreichen und in den Bräter legen, die Sauce um den Karpfen gießen. Den Karpfen im Ofen etwa 35 Minuten garen. Anschließend herausnehmen, entgräten und portionieren. Den Karpfen mit Salzkartoffeln servieren.

Gespickter Hecht

Zutaten für 4 Personen

1 Hecht (ca. 1 kg)
100 g fetter Speck
Salz, Pfeffer
100 g Butter
250 ml Schmand
1 El Estragonessig
Saft von 1/2 Zitrone
1/2 Bund Dill

Zubereitungszeit

30 Minuten
(plus Garzeit)

Pro Portion

ca. 573 kcal/2407 kJ
48 g E · 41 g F · 2 g KH

1 Den Hecht ausnehmen, schuppen und gut waschen. Trocken tupfen und mit dem Messer rechts und links der Rückengräte im Abstand von 3 cm einschneiden. Den Speck in Stifte schneiden und den Hecht damit spicken.

2 Den Fisch mit Salz und Pfeffer einreiben, Kopf und Schwanz zusammenbinden. Die Butter in einer Pfanne zerlassen und den Fisch darin bei geringer Temperatur etwa 25 Minuten garen. Dabei mehrmals mit der Butter übergießen. Den Schmand zufügen und den Hecht weitere 10 Minuten garen.

3 Den Hecht aus der Pfanne nehmen und warm stellen. Die Sauce mit Essig und Zitronensaft verrühren und abschmecken. Den Dill waschen, trocken schütteln und fein hacken. In die Sauce geben. Den Hecht in Portionsstücke zerlegen und mit der Sauce, Kartoffeln und Salat servieren.

Aal mit Salbei

Zutaten für 4 Personen

1 frischer Aal (ca. 1 kg)
Salz
3 Zweige frischer Salbei
100 g Butter
1 Zitrone

Zubereitungszeit

20 Minuten
(plus Bratzeit)

Pro Portion

ca. 768 kcal/3226 kJ
37 g E · 67 g F · 2 g KH

1 Den Aal putzen und ausnehmen, anschließend mit Salz einreiben, damit sich der Schleim auf der Außenhaut ablöst. Den Aal gut waschen und trocken tupfen.

2 Den Salbei waschen, trocken schütteln und die Blätter von den Stängeln zupfen. Den Aal mit Salbeiblättern umwickeln, diese mit Küchengarn festbinden und dabei Kopf und Schwanz zusammenbinden. Einige Salbeiblätter zurückbehalten.

3 Die Butter in einer großen Pfanne erhitzen und den Aal etwa 10 Minuten darin braten. Aus der Pfanne nehmen und die restlichen Salbeiblätter in der Butter rösten.

4 Die Zitrone heiß abwaschen und in Scheiben schneiden. Den Aal mit gerösteten Salbeiblättern und Zitronenscheiben servieren. Dazu frisches Brot reichen.

So einfach wie schmackhaft ist diese in Hessen sehr beliebte Zubereitungsform des Aals. Traditionell wird der Fisch mit einem Stück Schwarzbrot gegessen, aber auch Salzkartoffeln passen hervorragend.

Desserts & Backwaren

Rieslingcreme

Zutaten für 4 Personen

6 Eigelb

125 g Zucker

200 ml trockener Riesling

Zubereitungszeit

15 Minuten

Pro Portion

ca. 236 kcal/991 kJ

5 g E · 5 g F · 33 g KH

1 In einer Metallschüssel das Eigelb mit dem Zucker schaumig rühren.

2 Den Riesling in die Eicreme gießen und beides gut miteinander verrühren. Die Schüssel ins kochende Wasserbad stellen.

3 Die Masse unter ständigem Rühren erhitzen, bis sie beginnt zu stocken. Die Creme darf nicht zu heiß werden, sonst gerinnt das Eigelb.

4 Wenn die Rieslingcreme schön schaumig ist, in vier Dessertschalen füllen und sofort servieren.

Riesling creme

Bethmännchen

Zutaten für 50 Stück

500 g geriebene Mandeln
5 El Rosenwasser
350 g Zucker
50 g Mehl
50 g ganze Mandeln
1 Eigelb
1 El Milch
Kakao zum Bestäuben

Zubereitungszeit

30 Minuten
(plus Ruhe- und Backzeit)

Pro Stück

ca. 96 kcal/402 kJ
3 g E · 6 g F · 8 g KH

Einer Legende nach sollen die Bethmännchen im Jahr 1838 von dem Pariser Konditor Gautenier erfunden worden sein, der Küchenchef im Hause des Bankiers und Ratsherrn Simon Moritz von Bethmann war. Ursprünglich waren die Bethmännchen mit vier Mandelhälften bestückt gewesen, eine für jeden der vier Söhne Bethmanns. Nach dem Tode des jüngsten Sohnes im Jahr 1845 wurde eine Mandelhälfte weggelassen.

1 Die geriebenen Mandeln mit so viel Rosenwasser vermischen, dass ein halbfester Brei entsteht. Den Zucker unter den Brei rühren.

2 Die Masse in einen Topf geben und bei geringer Temperatur und unter ständigem Rühren etwas anrösten. Anschließend das Mehl zufügen und alles zu einem festen Teig kneten. Den Teig gut abkühlen lassen.

3 Aus dem Teig kleine Kugeln formen. Die ganzen Mandeln halbieren und jede Kugel mit drei halbierten Mandeln an den Seiten verzieren. Kugeln auf ein Backblech setzen und über Nacht stehen lassen.

4 Backofen auf 160 °C (Umluft 140 °C) vorheizen. Eigelb mit Milch verquirlen, die Bethmännchen damit einpinseln und mit Kakao bestäuben. Im Ofen etwa 15 Minuten backen, dann nochmals einpinseln.

Holunderkuchen

Zutaten für 20 Stücke

500 g Kartoffeln
Salz
400 g Mehl
50 g Speisestärke
4 Eier
1 Msp. Muskat
100 g Butter
150 g Zucker
600 g Holunderbeeren
200 g Schmand
Fett für das Blech

Zubereitungszeit

30 Minuten
(plus Koch- und Backzeit)

Pro Stück

ca. 223 kcal/937 kJ
5 g E · 9 g F · 30 g KH

1 Die Kartoffeln waschen und in kochendem Salzwasser etwa 20 Minuten weich garen. Abgießen und abkühlen lassen. Kartoffeln schälen und durch die Kartoffelpresse drücken.

2 Das Kartoffelpüree mit dem Mehl, der Speisestärke, 2 Eiern, 1 Prise Salz, Muskat, Butter und 50 g Zucker zu einem festen Teig verkneten. Anschließend den Teig auf einer bemehlten Arbeitsfläche ausrollen und eine Springform (28 cm Ø) damit auslegen. Den Backofen auf 200 °C (Umluft 180 °C) vorheizen.

3 Die Holunderbeeren verlesen, von den Stielen zupfen und waschen. Gut abtropfen lassen und auf dem Teig verteilen. Den Kuchen im Ofen etwa 20 Minuten backen.

4 Die restlichen Eier mit dem restlichen Zucker schaumig rühren und den Schmand untermischen. Die Masse über den Kuchen geben und diesen weitere 15 Minuten backen.

Gefüllte Kreppel

Zutaten für 20 Stück

500 g Mehl
30 g Hefe
50 g Zucker
1 Tl Salz
175 g Milch
100 g Butter
1 Ei, 3 Eigelb
Butterschmalz zum Ausbacken
Marmelade zum Befüllen
Puderzucker

Zubereitungszeit

30 Minuten
(plus Zeit zum Ausbacken)

Pro Stück

ca. 159 kcal/668 kJ
3 g E · 5 g F · 23 g KH

1 Aus den angegebenen Zutaten (außer Butterschmalz, Marmelade und Puderzucker) einen Hefeteig wie auf Seite 28 beschrieben herstellen.

2 Wenn der Teig zu doppelter Größe aufgegangen ist, den Teig in 2 Stücke teilen und diese zu Rollen formen. Jede Rolle in 9–10 Teile schneiden.

3 In einem großen Topf das Butterschmalz auf etwa 140 °C erhitzen und nacheinander goldgelbe Kreppel ausbacken. Auf Küchenpapier abtropfen lassen.

4 Marmelade nach Geschmack in eine Spritztüte füllen und in die Kreppel spritzen. Anschließend die Kreppel mit Puderzucker bestäuben.

Apfelgratin

Zutaten für 4 Personen

4 El Rosinen
2 cl Rum
5 Äpfel
1 El Zitronensaft
100 gehackte Haselnüsse
4 El Zucker
1 Tl Zimt
150 g saure Sahne
250 g Sahne
Fett für die Form

Zubereitungszeit

30 Minuten
(plus Backzeit)

Pro Portion

ca. 400 kcal/1680 kJ
6 g E · 26 g F · 9 g KH

1 Die Rosinen heiß waschen und mit dem Rum beträufeln. Die Äpfel schälen, vierteln, von den Kerngehäusen befreien und in Spalten schneiden. Den Backofen auf 200 °C (Umluft 180 °C) vorheizen.

2 4 kleine Auflaufformen einfetten und die Äpfel hineinschichten. Sofort mit Zitronensaft beträufeln. Die gehackten Haselnüsse darüberstreuen. Anschließend die Rumrosinen zugeben.

3 Zucker mit Zimt vermischen und über die Äpfel streuen. Saure Sahne mit der geschlagenen Sahne mischen und über die Äpfel gießen. Das Gratin im Ofen etwa 30 Minuten backen und anschließend in der Form etwas auskühlen lassen. Warm servieren.

Rote Grütze nach Winzerart

Zutaten für 4 Personen

250 g Brombeeren
250 g Himbeeren
250 g rote Johannisbeeren
250 g Sauerkirschen
50 g Zucker
250 ml trockener Rotwein
5 El Speisestärke

Zubereitungszeit

30 Minuten
(plus Kochzeit)

Pro Portion

ca. 218 kcal/916 kJ
2 g E · 1 g F · 34 g KH

1 Die Beeren verlesen, Johannisbeeren von den Stielen zupfen. Die Kirschen entsteinen, alle Früchte waschen und abtropfen lassen.

2 Die Hälfte der Brombeeren und der Johannisbeeren mit dem Zucker in einen Topf geben und mit der Hälfte des Weines aufkochen. Dann die Masse durch ein Sieb passieren. Zurück in den Topf geben und die restlichen Früchte zufügen. Noch einmal aufkochen.

3 Die Speisestärke mit dem restlichen Rotwein verrühren und in die kochende Grütze rühren, bis sie beginnt anzudicken. Kurz vorher die Himbeeren unterrühren.

4 Die Rote Grütze vor dem Servieren gut abkühlen lassen. Mit Vanillesauce oder zur Rieslingcreme servieren.

Frankfurter Pudding

Zutaten für 4 Personen

5 Eier
100 g Löffelbiskuits
100 g Zucker
125 g Butter
Saft von 1 Zitrone
Zimt
gemahlene Nelken
20 ml Rum
100 g gemahlene Haselnüsse

Zubereitungszeit

30 Minuten
(plus Garzeit)

Pro Portion

ca. 728 kcal/3058 kJ
16 g E · 52 g F · 46 g KH

1 Die Eier trennen. Die Löffelbiskuits mit dem Nudelholz zu Bröseln zerkleinern. Den Backofen auf 170 °C (Umluft 150 °C) vorheizen.

2 50 g Zucker mit dem Eigelb, Biskuitbröseln, Butter, Zitronensaft und den Gewürzen in einer Schüssel schaumig rühren. Den Rum mit den gemahlenen Haselnüssen hinzufügen und untermischen.

3 Das Eiweiß in einer sauberen Schüssel mit dem restlichen Zucker steif schlagen. Eischnee unter die Bröselmasse heben. Den Teig in einen Spritzbeutel füllen und in gefettete Puddingförmchen spritzen.

4 Die Förmchen im Ofen in ein Wasserbad stellen und den Frankfurter Pudding etwa 40 Minuten garen.

Frankfurter Kranz

Zutaten für 16 Stücke

375 g Butter
4 Eier
225 g Zucker
abgeriebene Schale von 1 unbehandelten Zitrone
150 g Mehl
100 g Stärkemehl
1/2 P. Backpulver
500 ml Milch
1 P. Vanillepudding
100 g Puderzucker
8 El Kirschmarmelade
Krokant zum Bestreuen

Zubereitungszeit

30 Minuten
(plus Back- und Kochzeit)

Pro Stück

ca. 356 kcal/1495 kJ
4 g E · 22 g F · 34 g KH

1 Den Backofen auf 180 °C (Umluft 160 °C) vorheizen. 125 g Butter in einer Schüssel schaumig rühren. Eier trennen. Das Eigelb abwechselnd mit 125 g Zucker unter die Butter zu einer feinen Creme rühren.

2 Die Zitronenschale mit Mehl, Stärke und Backpulver mischen und unter die Creme heben, bis ein glatter Teig entstanden ist. Eiweiß zu steifem Schnee schlagen und unter den Teig heben. Teig in eine Kranzform füllen und im Ofen etwa 30 Minuten backen. Aus der Form stürzen und abkühlen lassen.

3 Aus Milch, restlichem Zucker und dem Vanillepuddingpulver einen Pudding kochen und abkühlen lassen. Dabei öfter umrühren. Die restliche Butter mit dem Puderzucker schaumig rühren und mit dem abgekühlten Pudding mischen.

4 Den Kranz dreimal durchschneiden und mit etwa 2/3 Buttercreme und etwa 2/3 der Marmelade füllen. Wieder zusammensetzen und außen ebenfalls mit etwas Buttercreme bestreichen. Zuletzt rundherum mit Krokantstreuseln bestreuen und mit restlicher Buttercreme und restlicher Marmelade verzieren.

Der Frankfurter Kranz ist eine Tortenspezialität aus Frankfurt am Main. Es gibt sowohl Variationen mit Buttercremetupfen und Kirschen als auch ohne.

Rezeptregister

Bildnachweis: Werner Otto Bildarchiv S. 4, 6-7, 9, 13, 17, 21, MEV S. 10-11, Mitte 22,
© Martina Berg - Fotolia.com S. 14, @ Heino Pattschull - Fotolia.com Umschlag oben rechts
Alle übrigen Abbildungen: Komet Verlag GmbH, Köln